Georg Magirius

Schmetterlingstango

Georg Magirius

Schmetterlingstango

Leben mit einem totgeborenen Kind

Claudius

MIX
Papier aus verantwortungsvollen Quellen
FSC® C006701
www.fsc.org

Mehr Bäume. Weniger CO_2.
www.cpibooks.de/klimaneutral

Bibliografische Information Der Deutschen Nationalbibliothek
Die Deutsche Nationalbibliothek verzeichnet diese Publikation in der Deutschen Nationalbibliografie; detaillierte bibliografische Daten sind im Internet über http://dnb.d-nb.de abrufbar.

Birkerstraße 22, 80636 München
www.claudius.de

Umschlaggestaltung: Mario Moths, Marl
Umschlagfoto: © Janis Litavnieks/ iStockphoto
Druck: CPI – Ebner & Spiegel, Ulm

ISBN 978-3-532-62449-4

Inhalt

Schlechte Nachricht, gute Nachricht

Wer einen Menschen verloren hat und traurig ist, hört oft: „Wir wünschen dir, dass du den Verlust überwinden, neu beginnen und wieder nach vorne schauen kannst.“ Ich habe meine Tochter verloren und denke: Das sind gut gemeinte Wünsche. Aber jene, von denen ich weiß, dass sie ein Kind verloren haben, sagen sogar Jahrzehnte später noch: „Es tut weh.“ Das ist die schlechte Nachricht: Der Tod eines nahen Menschen lässt sich nicht abhaken, wobei die Frage ist, ob das überhaupt sinnvoll wäre.

Es gibt allerdings auch eine gute Nachricht: Da sich der Verlust nicht abhaken lässt, müssen die Toten auch nicht vertrieben werden. Dass sie bleiben, kann tröstlich sein, auch wenn immer etwas fehlt. Das Verlustgefühl verschwindet erst, wenn man den geliebten Menschen wiedersieht. Das ist eine Behauptung, die sich nicht beweisen, aber eine Hoffnung, von der sich erzählen lässt.

Mit der Arbeit an dem Buch habe ich nach der Geburt meiner Tochter begonnen, die nicht lebend zur Welt gekommen ist. Aufgezeichnet habe ich es in den Wochen vor ihrem zweiten Geburtstag, also bewusst mit einigem Abstand zu Schwangerschaft und Geburt, was jedoch nicht heißt, dass ich mich von meiner Tochter distanzieren wollte.

Rote Lippen

Kann ein Kind, das nicht lebt, eigentlich lebendig sein? Das Gesicht bewegt sich doch, überlegte ich, als ich unsere Tochter sah. Oder schaute eher sie mich an? Die Miene war nicht starr, was mich beglückte, obwohl ich wusste, dass sie sich niemals regen würde. Es war unerklärlich, fast so etwas wie ein Mienenspiel. Und ich wünschte: Ihre Miene wäre tatsächlich ein Spiel, eine Einladung zum Spielen.

Nun war sie zur Welt gekommen, auch wenn sie das Licht der Welt nicht erblickte. Aber wir erblickten sie – und wie! Bislang hatte ich sie nur indirekt gesehen, im Bauch der Mutter. Jetzt war sie real geworden. Und ich schaute – aber was? Ein Lächeln, versonnen und verschmitzt. „Wie soll das Kind heißen?“, werden wir gefragt. Und die Hebamme schreibt in den Babypass: Juliane. Auf diesen Namen ist sie gleichsam getauft, ohne dass es je zur Taufe kommen würde. 3680 Gramm, notiert die Hebamme weiter. Und 54 Zentimeter misst das Kind. Es ringt nicht um Atem, wirkt nicht gehetzt. Vielleicht auch deshalb habe ich den Eindruck: Juliane ist uns voraus, kennt sich aus, ist zwar kleiner als ich, für einen Neuankömmling aber sehr groß. Da war sie auch schon weg. Wohin? Das weiß niemand.

Sicher aber ist: Sie war gewesen und berührbar, mochte sie sich auch nicht rühren. Ihr Blick, der nach innen ging, war friedlich, die Augen hielt sie geschlossen. So sahen wir einander an, auch wenn sie die Augen geschlossen hielt. Ich fühlte mich nicht verschlossen, sondern von ihr angezogen. Warum hatte ich nur dieses Glücksgefühl? Weil sie zufrieden wirkte. So waren wir zu dritt und spielten Vater, Mutter, Kind. Juliane spielte mit, nur folgsam war sie nicht. Denn vorgesehen war, dass sie schrie. Das wenigstens besagt die Regel. So führen wir seitdem ein ungeregeltes Leben, weil wir ein Kind haben, das nicht tut, was nun mal die Regel ist.

Wenn jemand überraschende Wege findet, muss das nicht unsympathisch sein. Meine Tochter ist mir sogar vertraut, weil sie nicht das Übliche wählte. Ich glaube, ich kenne sie: Hallo, kenne ich dich? Natürlich! Bist immer da, ganz in meiner Nähe. Und dennoch suche ich nach ihr, denn sie ist mir viel zu oft unendlich fern. Weil das Kind nicht schreit, rufe ich nach ihm: Eigensinn! Wo bist du denn?

„Warum hat euer Kind denn rote Lippen?", fragt Tara, ein Kind, das uns besucht und das Baby auf der Kommode liegen sieht. Natürlich nicht unser Kind direkt, sondern ein Foto von ihm. Ja, warum hat der Frieden eigentlich rote Lippen? Ich weiß es nicht. „Ihr seid traurig, dass sie nicht bei euch ist", stellt Tara fest. Und ich atme auf, weil da jemand ist, der von meiner Tochter spricht.

Kinderblick

Wenn es das direkte Fragen von Kindern nicht gäbe, wäre ich womöglich nicht ganz bei Trost. Um genau zu sein: Ich bin es ja auch nicht, will aber dorthin – zum Trost. Ohne eine Kinderstimme wie die von Tara käme ich ins Zweifeln, ob es Juliane überhaupt gegeben hat. Klingt kurios, aber dieser Gedanke kommt immer wieder einmal. Anders als während der Schwangerschaft spricht nämlich so gut wie niemand mehr von ihr. Kinder schon. Tara sagt sogar, dass es sie noch immer gibt, indem sie kein Tempus der Vergangenheit wählt. War Juliane also nicht nur gewesen, sondern lebt sie nach wie vor? Wird es sie eines Tages für uns erst wirklich geben, wird Gott sie uns wiedergeben?

Die Hoffnung auf ein Wiedersehen lässt sich nicht belegen. Es ist kein Sachverhalt, der sich klären ließe. Denn wer könnte schon den Himmel erklären? An ein Leben nach dem Tod kann man nur glauben. Allerdings könnte ich nicht sagen, was der Funktionsablauf einer Tätigkeit wie *glauben* ist. Doch ein funktionstüchtiges Wissen ist vermutlich ohnehin nicht die geeignete Methode, um etwas über den Verbleib eines geliebten Menschen in Erfahrung zu bringen. Die Klarheit, mit der ein Kind auf meine ferne Tochter reagiert, weist mir den Weg: Was hilft, ist ein Glaube, der kindlich ist. Das kann auch deshalb sinnvoll sein, weil meine Tochter selbst ein Kind ist. Wenn man alle Fragen gestellt und alle Antworten durchbuchstabiert hat, bleibt einem vielleicht nur noch übrig, ganz von vorne anzufangen: mit einem Glauben, der traumhaft, naiv und mächtig ist.

Ohren

Für die Suche nach meiner Tochter bedarf es dieser besonderen Methode. Weil unsere Tochter und Gott sich wider die Regel verhalten haben, können wir nicht sagen: „Das Kind schreit!“ Oder: „Juliane schläft.“ Stattdessen sage ich zu meiner Frau: „Lass uns spielen!“ „Was sollen wir denn spielen?“, fragt sie. Ich schlage vor, das Spiel von Julianes Geburtstag wieder aufzunehmen, das da heißt: Vater, Mutter, Kind. Auf der Erde hätte ich es gern, im Himmel soll es sein. Das ist mein Wunsch, ein Konjunktiv, keine Sicherheit, aber doch unendlich mehr als nichts. So vertraue ich der Kraft des alle Grenzen überschreitenden Kinderblicks.

Die kindliche Perspektive kann einem Erwachsenen helfen, weil sie nicht ignoriert, sondern akzeptiert, dass im Leben jemand fehlt. So muss ich meine Tochter nicht für immer verloren geben. Denn der Kinderglaube lehrt: Der Himmel ist nicht nur ein Gebilde, um das sich Astronomen und Astronauten kümmern. Es ist ein Sehnsuchtsraum, dessen Türen und Fenster sich öffnen lassen. So spielen sich meine Frau und ich uns in den

Himmel, bestücken ihn immer wieder neu, oft mit ganz alltäglichen Dingen.

Das hilft mir mehr als jene Sichtweise, die im Himmel vorwiegend Planeten und Sterne entdeckt. „Wenn etwas gewaltiger ist als das Schicksal, so ist es der Mut, der es unerschüttert trägt“, hatten wir von den Sternenkinder-Mamas und Sternenkinder-Papas übermittelt bekommen, kurz bevor wir die Klinik verließen, ohne Juliane, aber mit einer Infomappe in Gelb und ebendiesem Motto. Sternenkinder-Eltern? Unter diesem Stichwort treffen sich Eltern, die ihre Kinder während der Schwangerschaft oder bei der Geburt verloren haben.

Sie wünschen uns also Mut, unerschütterlich zu tragen, was wir in der Klinik erfahren haben. Ich aber, Bürger des Planeten Erde mit 14 Semestern Theologie inklusive zweier kirchlich anerkannter Examina beobachte an mir: In den Tagen, Monaten und den ersten beiden Jahren nach der Geburt bin ich überhaupt nicht so unerschüttert und mutig, wie es mir das Mappen-Motto wünscht. Hunderte von Zahlen, Namen und sonstiger Fakten habe ich während meiner theologischen Studien gelernt, dazu viele biblische und andere religiöse Texte gelesen, mich außerdem in Systeme, Theorien und Ansätze vertieft, die sich von Theologengeneration zu Theologengeneration gewandelt haben. Was mir haften geblieben ist: Mut – das bedeutet im Sinn des Glaubens gerade nicht, etwas unerschüttert tragen zu müssen, sondern das Gegenteil: In der Erschütterung keimt die Hoffnung oft besonders intensiv. Und das vermeintlich Schwache und Geschlagene kann zur Stärke werden.

Aber vielleicht wollen die Infomappen-Ersteller, die Sternenkinder-Mamas und Sternenkinder-Papas, indirekt dazu ermuntern? Dann meinen sie mit dem Hinweis aufs unerschütterliche Tragen eine Gegenkraft, die man beim Schauen in den Sternenhimmel erahnen kann. In der Dunkelheit blinkt etwas, das tröstet. Aber das muss nicht die einzige Symbolik sein, die über den Schmerz hinaus schauen lässt. In mir löst ein funkelnder Himmel jedenfalls keine väterlichen Gefühle aus. Denn sag, Juliane: Bist du jetzt auf einem Stern? Bist du am Ende sogar selbst ein Stern? Nein, das Kind, das ich in Armen hielt, soll keine bloße Weltraummaterie sein. Auch mit dem Status als kleiner Adligen kann ich mich nicht arrangieren. Hat sie dem kleinen Prinzen ähnlich einen Planeten ganz für sich? Das wünsche ich ihr nicht: Noch nicht mal eine Freundin hätte sie dort. Außerdem: Selbst wenn Juliane der Sirius wäre, also der hellste Stern am Himmel, müsste ich beinahe neun Jahre warten, bis ich ihre Lichtbotschaft auf der Erde empfangen hätte. Und Sirius ist ein verhältnismäßig naher Stern. Nein, meine Tochter ist kein Weltraumkörper, sondern sah idyllisch zauberhafter aus: Sie hatte Beine, Arme, Haare, Augen, Nase, Mund und zwei fein geschwungene Ohren. Kein Stern hat Ohren wie Juliane.

Elternliebe

So lebe ich erschüttert und nicht immer mutig. Wobei gerade das nicht feige sein muss: zugeben zu können, dass der Mensch innere Beben kennt. Auch will ich das Schicksal nicht unaufhörlich tragen, wie der Mutspruch auf der Infomappe empfiehlt. Ich will es zuweilen von den Schultern nehmen, es auf den Boden stellen oder in die Hände nehmen, es betasten, verspotten, treten oder mit ihm tanzen. Es soll nicht immer nur ein brockenschwerer Rucksack sein. „Das ist ein großes Schicksal", schreibt eine Freundin, da sie bemerkt, dass mir alles wieder einmal unendlich schwer auf meinen Schultern liegt. Die ungewohnte Wortkombination fällt mir sofort auf: Groß! Nicht schwer. Darin hat auch das hauchzarte, nicht nur kiloschwere Leben mit meiner Tochter Platz.

Täglich denke ich an sie, genauso oft entschwindet sie. Das Leben mit ihr ist unbestimmt. Deshalb will ich Plätze finden, an denen ich die Nähe meiner Tochter spüren kann. Dazu werde ich Fakten sammeln. Ich werde also nicht nur erzählen, sondern auch zählen, nämlich auf- und zusammenzählen, was während der Schwangerschaft und der Geburt geschehen ist. Auch diejenigen, die ein ausschließlich naturwissenschaftliches Verständnis von Wirklichkeit haben, werden nicht leugnen können: Juliane wuchs mehr als neun Monate im Leib der Mutter heran. Sie war hörbar (ihr Herzschlag), fühlbar (ihre Bewegungen), auf indirekte Weise sichtbar (Faustschläge und Fußtritte gegen die Bauchdecke). Im Lauf der mehr als 270 Tage im Bauch wurde sie größer. So streckte sie sich uns entgegen – doch Moment! *Sich entgegenstrecken:* Diese Formulierung ist kein Faktum. Sondern? Eine Interpretation des Faktischen und damit schon wieder der persönliche Blick auf ein Phänomen, bei dem eine auf Messbarkeit angelegte Sicht der Dinge allein offenbar nicht genügen kann. Was aber ist das für ein Phänomen, das mich ins Persönliche driften lässt, auch wenn ich nüchtern darüber sprechen will? Manche sagen dazu: Elternliebe.

Hahnenkamm bei Alzenau, Juli 2010

„Du musst Fotos machen, bevor sie kommt!", sagt die Mutter zum Vater. Wir brechen auf zu einem Platz, an dem man das Kind sehr gut sehen kann. Der Vater folgt dem Wunsch der Mutter und fotografiert. Diese Bilder belegen: Es ist Sommer. Und außerdem? Dass da jemand ist, der nicht nichts gewesen ist. Wir spazieren weiter in Richtung Hahnenkamm, aber nicht auf diesen Berg hinauf, mit dem der Spessart bei Alzenau einen ersten großen Anlauf nimmt. Und dass wir nicht die Höhe erklimmen, hat wiederum diesen Grund, dass da jemand sehr lebendig ist. Unsere Tochter wiegt zu diesem Zeitpunkt, es war im Juli 2010, weit mehr als das, was man mit einem kleinen Finger heben könnte. Sie kugelt sich auf Bauchnabelhöhe und zeigt sich dem Fotografen vor einer Aussicht, die weit in den Kahlgrund reicht. Dank Juliane ist die Aussicht nachweisbar kleiner. Hätte es sie nicht gegeben, wäre auch dieses Foto nicht entstanden. Den Sommer hätte es nicht gegeben, er wäre ein anderer gewesen, wie es auch genau diese Aussicht nicht gegeben hätte, die von Juliane halbmondförmig verkleinert wurde: So groß war dieses Kind.

Nun aber komme ich mir manchmal wie ein Störer vor, weil kaum jemand etwas von ihr wissen will. Als sei sie für immer weggewischt, als hätte es die Wölbung in diesem Sommer nicht gegeben und auch die Aussicht und den Spaziergang und den Spessart und das Foto nicht. „Darf ich den Bauch anfassen?" Mancher fragte die Mutter erst gar nicht so, sondern berührte, was fraglos lebte und sich bewegte. Es waren viele Bauchberührer in jenem Sommer. Nun aber, da der Sommer zu Ende ist, sind das Fragen und Berühren eingestellt. Ist die Rührung zu groß? Womöglich fragt deshalb kaum jemand: Wo ist euer Kind? Direkt nach der Geburt war das noch anders. Da hörten wir Fragen, in der Regel war es exakt eine: Woran hat es gelegen?

Antwort: Als die Wehen kamen, fuhren wir in die Klinik. Der Herzschlag wurde gemessen, nein: Er sollte gemessen werden, es war keiner da, der Grund dafür nicht feststellbar. „Es gibt keinen Grund", sagte die Ärztin, woraus wir folgerten: Das Leben kennt nicht immer einen Grund. Es gibt wohl eine Sphäre, die unergründlich ist, aber noch lange nicht weniger wirklich als das sein muss, was sich sehen, greifen und beweisen lässt. Was wäre dazu die Alternative? Ausschließlich das dürfte einen Platz im Leben haben, was Schulen bauen, Elternabende einberufen und Kindergelder beantragen lässt.

Dennoch wird selbst das Greifbare unseres Kindes zuweilen unsichtbar gemacht. „Auch ein ungeborenes Kind hinterlässt Spuren", reagiert jemand auf unsere Geburtsanzeige. Juliane wird nicht übersehen, zumindest ihre Spuren nicht, belegt diese Reaktion. Aber warum soll sie eigentlich *ungeboren* sein? Offenbar wird sie nicht ganz für voll genommen, obwohl sie nicht nur jemand war, die im Bauch die Aussicht in die Weiten des Spessarts verkleinern konnte, sondern nachweislich zur Welt gekommen ist: 17 Stunden dauerte die Geburt. Damit wurde sie geboren – oder etwa nicht? Und ich hielt doch mehr als Spuren eines ungeborenen Lebens im Arm? Die Juliane-Verkleinerer stecken mich mit ihrer Skepsis manchmal allerdings auch an. Denn Fotobeweise und Faktenlage hin oder her: Ich kann schließlich selbst nicht sagen, wo sie im Moment schon wieder steckt: Hallo?! Wo bist du denn? Wie lebt es sich denn da, wo du gerade bist? Gesehen habe ich sie, oft berührt, kann es jetzt nicht mehr. Wenn du mich hörst, dann antworte doch!

Kleine Ärztin

Wie albern ist das, wenn ich meine Tochter anspreche, mich in stille Gespräche mit ihr begebe. Albern geht die seriöse Welt zugrunde. Soll sie doch! Sie ist mir ohnehin zu einfallslos mit ihrem Wunsch nach einer Präzision, die nur dem ein Recht auf Leben zugesteht, das sichtbar ist. So betrachtet würde Juliane längst schon nicht mehr existieren. Für mich aber ist sie kein vergangenes Wesen. Denn immer wieder regt sich ihr Bild in mir. Aber wie lässt sich solch ein unergründlich lebendiges Kind denn genauer orten? Ich will diesem ungezogenen, weil nie erzogenen Kind nachschreiben, sie umschreiben. Sie soll an Kontur gewinnen, damit sie sich vielleicht auch jenen zeigen kann, die – dazu gehöre ich auch selbst – schlucken und seltsam fahrig wirken, wenn sie bemerken: Ein unsichtbareres Kind ist nicht verschwunden oder überwunden.

Da ist vieles und auch Widersprüchliches zugleich zu spüren: Unerklärlich sicher ist sie mir, immer da. Leise lächelte sie mir zu. Stets zu leise bist du: Wenn du nur ein einziges Mal unruhig geworden wärst! So aber ist sie mir zur Unruhe geworden, weil sie ständig Ruhe gibt. Da kann ein Mensch schon mal laut werden, und nicht nur einer. Laute sind dann zu hören, denen die Dudenredaktion keinen Einlass in das Verzeichnis allgemein anerkannter Worte zugesteht. Das kann geschehen, wenn man jemanden vermisst, der nahe bleibt, selbst wenn er fortgegangen ist. Dabei konnte Juliane gar nicht gehen. Vielleicht habe ich deshalb den Eindruck, dass sie nicht ganz fort ist? Manchmal meine ich, sie ist dort, wo ihr Bett noch immer steht: ein Kind, das geboren ist, im Kissen aber keine Spuren hinterlässt, atemlos und friedlich. Dort sitze ich und warte. Dann gehe ich wieder hinaus – mit dem beruhigenden Gefühl, dass da jemand ist und mit mir geht. Nur kann ich nicht ständig weitergehen, sondern habe die Sehnsucht, dass ich auch mal bleiben darf. Und sie mit mir. Nicht alles soll vergehen. Wie weggeweht ist sie! Ihr wehender Atem aber, den ich niemals hörte, scheint mich manchmal so sehr auszufüllen, dass ich husten muss und dann nur noch stottern kann: Und wieder konnte ein Vater nicht überzeugend davon sprechen, dass da jemand ist, wo doch nach den ungeschriebenen Regeln des kommunikativen Mit- oder auch Gegeneinanders allenfalls die Frage erörtert wird, woran es gelegen hat, dass es jemand nicht ins Leben geschafft hat.

Verehrter, lieber kleiner Mensch, der du viele Zentimeter maßest: Warst du vielleicht kein Schaffer-Typ? Hast du deshalb so viel Luft, dass du mir Atem von deinem gibst, kleine Ärztin? Denn das Husten und Stottern ebben bald schon wieder ab. Und dann? Ich finde zu einem großen freien Atem, indem ich bewusst an sie denke. Sie hat heilende Kräfte, mag es auch unglaubwürdig klingen. Denn das Medizinstudium hat Juliane Magirius nicht aufgenommen, wobei sie nicht am Numerus clausus scheiterte, sondern auf eine unerklärlich geschickte Weise ein Leben wollte, in dem man nicht zur Nummer wird. Und Sauerstoff gibt es dort für alle, insbesondere für jene, für die das Leben mehr als nur ein Schaffen ist. Die Heilkundige jedenfalls übertrifft mich spielend, dachte ich, als ich sie nach der Geburt betrachtete. Das Leben hat sie übersprungen, ausgelassen, vielleicht sogar verschmäht, weil sie viel Besseres im Blick hatte. „Aber hat sie dann nicht auch mich verschmäht?", frage ich mich als Vater – wie es viele Eltern tun, die überlegen, warum ihr Kind eigentlich genau das tut, was sich Eltern nun nicht gerade wünschen. Haben wir uns zu wenig um sie gekümmert? Oder vielleicht zu sehr?! Nein, sie war doch gern bei ihren Eltern, beruhige ich mich. Lange war sie in der Nähe des Vaters und im Bauch der Mutter geblieben. Viel näher kann jemand nicht kommen. Wäre sie doch geblieben! Dieser Wunsch wird bleiben.

Auf diese Art lebt jemand weiter, der am 20. Oktober 2010 auf dem Waldfriedhof in Aschaffenburg begraben wurde. Mit ihr bleiben Erinnerungen, Verzweiflung, Zweifel, Vergewisserung, kindliches Hoffen, Verbissenheit, unergründliches Lieben und das Träumen. Alles das wächst oft zugleich, frei und fruchtbar wie ein Urwald. Ich denke selbst dann an sie, wenn die Gedanken nicht direkt bei ihr sind. Wie aber ist das zu verstehen? Es ist die Logik des Widerspruchs, die mir bei diesem Kind schlüssiger erscheint als die sogenannte Folgerichtigkeit, mit der ich bei meiner Suche nach Trost jedes Mal wieder scheitere. Deshalb vertraue ich mich einer Hoffnung an, die den Widerspruch bestehen lässt: Juliane, die ewig Ferne, ist bei mir. Im Geldbeutel habe ich kein Foto, geblieben ist das Bild von ihr in mir. Sie füllt mich so sehr aus, dass ich die Leere fühlen kann. Die Unsichtbare werde ich wiedersehen.

Von der künftigen Wiedersehensfreude will ich jetzt schon etwas spüren. Deshalb verabrede ich mich mit ihr – nur wo? Ich wage Blicke in jene Landschaft, die sich womöglich gerade denen öffnet, die sich mit dem Tod nicht arrangieren können. So klopfe ich an die Tür des Landes an, das viele Namen trägt: Paradies, Ewigkeit, Himmelreich. Glaubt man dem, der Wunden nicht kaschiert hat, ist der Eintritt in dieses Land ein Kinderspiel. „Wenn ihr nicht werdet wie die Kinder, so kommt ihr nicht hinein", sagt Jesus, der mir bei meiner Suche nach Trost glaubwürdig erscheint. Im Leben schaffte er es nicht, sondern er starb und erschütterte damit seine Freunde. Und doch behauptet er: Ich lebe noch, selbst wenn ich nicht mehr lebe.

Internationales Theater Frankfurt, Mai 2010

Ob es in den Augen der Erziehungswissenschaft respektabel ist, dass ich dem Kindlichen in mir folge? Schließlich habe ein Vater sich der Verantwortung zu stellen, raten Pädagogen. Er dürfe sich gerade nicht auf die Stufe mit dem Kind begeben. Stattdessen: dem Kind ein Gegenüber sein, die Grenzen also nicht verwischen! Sonst werden Kinder zu Tyrannen. Ich bleibe dabei: Ich werde kindlich nach meinem Kind suchen. Denn als Vater habe ich nicht nur für andere zu sorgen, sondern auch für mich. Ich will mich meiner Tochter vergewissern, danach kann ich mich noch immer um die Frage einer pädagogisch korrekten Eltern-Positionierung kümmern. Bislang jedenfalls wirkt Juliane auf mich nicht wie ein Tyrann. Sie ist ein eher stilles Kind.

Also weiter geht's, immer weiter ins Himmelreich, dessen Luke sich öffnet, indem ich sammle, was ich von ihr weiß, und mich dann in dieses Wissen kindlich hineinvertiefe. Wie da wäre: ihr Strampeln! Das erste Mal, als sie trat, erzählt meine Frau, das sei im Theater gewesen. Was geschah? Einer hüpft, spricht und singt auf der Bühne des Internationalen Theaters in Frankfurt. Er strampelt – strampelt sich jedoch nicht ab. Es ist die Freude, die ihn losgelassen hat. Das Publikum sieht außergewöhnliche Bewegungsfiguren. Der Akteur spielt aber vor allem für die Ohren, das scheint dem Kind im Bauch zu imponieren. Er singt, pfeift, schnarrt, gurrt, zischt, summt und jault. Ein Sprachtaumel ist das, der Klang und Rhythmus feiert. Das hat surrealistische und kindlich verspielte Züge. Es ist ein Stammeln, Gleiten, Stottern – nicht peinlich, sondern das Ende dessen, was jemals peinlich werden könnte.

Was war das denn an diesem Abend? Es war ein Sich-Schütteln, das Abschütteln von jedem Zwang. Überschritten wurde eine Grenze. Zu erleben war, was tanzen lässt, weil da nicht mehr die Frage ist, ob solche Freude angemessen ist. So tanzte auch unser Kind, schwungvoll und rhythmisch setzte es die Beine in Bewegung und trat gegen die Decke des Bauchs. Meine Tochter: eine Tänzerin, die von Musik und Klang geschüttelt wird.

Wenn ich an Julianes erstes Treten denke, fühle ich mich ihr nahe, weil ich selbst ab und zu geschüttelt werde. Dieses Schütteln kann einen wie von selbst erfassen, etwa wenn man erfährt: Ein Mensch lebt, hat sich bewegt, regt sich aber jetzt nicht mehr. Dann bewegen sich die Zurückgelassenen zuweilen wie in einem Wind- und Regen-Rausch. Man ähnelt einem Apfelbaum, der die Arme schwingt und seine Früchte verliert. Und dann? Der Sturm legt sich. Die Früchte liegen im Gras. Ich bin erleichtert. So geht die Musik des Ohrenspielers auf der Bühne vorüber und auch der Tränensturm, der das Ende der Verkrampfung feiert. Der Tanztritt eines Kinds im Bauch der Mutter: Er ist nicht mehr. Was bleibt, sind Äpfel im Gras. Und trotzdem kommt das Schütteln, Tanzen, Stürmen wieder. Komme bitte wieder, bleibe! Wenn Menschen blieben, endlich einmal blieben, nicht ständig in der Ferne blieben.

In diesem Schütteln bin ich Juliane nahe. Aber nicht nur im Theater, während eines Tanzes oder auch im

Tränensturm kann ich sie erfahren. Ihre Nähe erlebe ich auch auf einem Gartenfest, das den zu Ende gehenden Sommer ehrt. „Und dann!“, erzählt dort ein Mädchen, „dann nennen wir unser Alter, wie wir heißen und wie es uns gerade geht.“ Mit einer Lehrerin würden sie nach Wegen suchen, die aus der Verkrampfung führen, erzählt sie. „Und dann kommt das Beste: Wir stehen auf und schütteln uns!“ Und die Erzählerin kann in diesem Augenblick nicht sitzen bleiben, steht auf. Unter den Bäumen des Gartens wird sie selbst zum Baum, der gerüttelt wird: Arme, Beine, der gesamte Körper! Und mit einem Mal ist ihr Gesicht verwischt und ich weiß: Dieses Schütteln kenne ich. Es führt in ein Land, wo man sich vor Begeisterung nicht halten kann. Juliane, das Mädchen im Garten und ich – wir sprechen eine Sprache. Und die ist tänzerisch. So kann ich mich mit meiner Tochter verständigen, obwohl sie nie ein Wort gesprochen hat, zumindest keines, das man in Dezibel hätte messen können.

Was das Kind im Garten zeigt, erinnert mich auch an das, was ich einmal selbst als Kind erlebt habe. Es geschah in einem Park unter hohen alten Bäumen. Wer war dabei? Meine Mutter machte Fotos, was noch heute beweist: Das Erlebte ist nicht erfunden. „Du trinkst aus der Flasche“, eröffnete mein Vater das wissenschaftliche Experiment. Damit aber war die Versuchsanordnung noch nicht komplett: „Der Bauch ist frei, der muss sichtbar sein.“ Dann nämlich könne man erkennen, dass das Schlucken die Bauchdecke zum Vibrieren bringe. Da ist auch noch ein Forscherteam, meine Brüder. Sie haben zu bezeugen, dass es Indizien für die Existenz von etwas gibt, das nicht direkt sichtbar ist. Die per Experiment zu belegende These nämlich lautet: Das Wasser ist auch dann noch da, wenn man es hinunterschluckt, was sich an der Bewegung des Bauches zeigt.

Und wirklich! Als die Forscher die Bauchdecke mit strenger Miene kontrollieren, beginnt diese zu vibrieren – nur ist die Ursache dafür nicht das Wasser. Und auch nicht nur sie, sondern der gesamte Körper schüttelt sich, sodass ich überhaupt nicht trinken kann. Es erschüttert mich, ein Lachkrampf greift nach mir. Julianes Strampeln wird nicht viel anders gewesen sein. Ich weiß nicht mehr, wie mein Tanz ans Ende kam. Vielleicht hat er mich bis heute niemals ganz verlassen? Das sonderbare Lachen jedenfalls hatte mich im Sturm erobert. So strample ich auch heute noch und das macht mich schwerelos und friedlich. Es ist ein Bewegungsdrang, den Kinder offenbar selbst dann schon lieben, wenn sie noch nicht auf eigenen Beinen stehen.

Gartenzimmer

Vielleicht fragen Sie sich, verehrte Leserin, verehrter Leser: Kann denn jemand, der um sein Kind trauert, überhaupt lachen? Darf er das? Streng genommen lache ich nicht, wenn ich an die Schüttel-Episode denke, ich erinnere mich bloß an sie. Dabei allerdings werde ich heiter und für Augenblicke verschwindet alle Trauer. Nur handelt es sich bei dem, was mich erinnern, schreiben und hoffen lässt, überhaupt um das Phänomen der Trauer? Ich bin nämlich oft traurig und froh zugleich. Das mag daran liegen, dass ich meine Tochter in der Nähe glaube. Meine Gedanken berühren sie und das fühlt sich an, als berührte sie auch wieder mich, was in mir die Freude musizieren lässt. Ich freue mich gleich so sehr, dass ich schon wieder traurig werde. Beides zusammen aber ist tröstlich, weil ich dann spüre: Die von mir Vermisste ist nicht ganz verschwunden.

Mir hilft es jedenfalls, an die Zeit mit meiner Tochter zu denken. So hebe ich das Gute auf, es wird wieder lebendig, auch wenn die gemeinsame Zeit natürlich nicht mehr wirklich wiederkommt. Es ist freilich überraschend viel, was Eltern mit ihren Kindern während der Schwangerschaft und bei der Geburt erfahren können. Ich möchte es nicht missen, auch wenn eine englische Studie zu dem Ergebnis gelangt ist: Die Wahrscheinlichkeit einer späteren Depression verringert sich, wenn man den Eltern wie früher üblich sofort nach der Geburt das tote Kind wegnimmt. Dennoch würde ich mich jedes Mal wieder für die Zeit mit Juliane entscheiden. Die Stunden mit ihr im Kreißsaal waren von solch federleichter Wucht, dass ich sie selbst gegen eine Garantie auf lebenslange Depressionsfreiheit nicht eintauschen wollte. Der Ansatz der Studie lässt mich ohnehin ins Grübeln kommen: Weitergedacht bedeutet sie, am besten auch noch Methoden zu entwickeln, die die Erinnerungen, Erwartungen und Hoffnungen der Eltern während der Schwangerschaft eliminieren. Die Festplatte der Eltern wäre wieder frei und ließe sich neu formatieren.

Dann wäre bei mir allerdings auch gelöscht, dass Juliane nicht nur im Theater ins Treten geriet. Sie, die noch nicht direkt sichtbar war, kam fast immer in Bewegung, wenn sie Tänze hörte. So sagt es meine Frau, die gerade im Zimmer liegt, von dem aus man in den Garten schauen kann, ins Blätterdach von zwei mehr als baukranhohen Linden und noch darüber hinaus ins Blaue. Auch als unsere Familie wuchs, lag sie oft dort, wo das Klavier ungeplant Unterschlupf gefunden hatte. Die Umzugsleute nämlich streikten: Es sei viel zu schwer, das Instrument den eckigen Treppengang nach oben zu tragen! Wir gingen auf ihre Forderungen ein, schon war der Streik vorbei. Seitdem steht, lebt und klingt das Instrument an einem Ort, an dem wir es nicht erwartet hatten – direkt am Fenster zum Garten.

Dort also hat meine Frau geruht. Und die von ihr Getragene wiederum begann zu hüpfen. Sie spielte! Meine Tochter spielte mit mir. Es waren keine Kinderlieder, die sie hörte. Auch kein Mozart zur frühzeitigen Optimierung der neurolinguistischen Potenziale, wie sich das manche für ihre Kinder erhoffen. Obwohl: Ein

Mozart war dabei, eine Fantasie, die von mir in einer extrem fantasievollen Weise interpretiert wurde. Denn nicht alle Noten, die zu sehen waren, verwandelten sich in Töne. Da fehlte etwas, dort fügte ich etwas hinzu. Trotzdem: Was klang, sollte genau in diesem Augenblick so klingen, wie es eben klang und niemals anders. Aber ohnehin hatte Juliane keine Erklärungen nötig, die überspielen wollen, dass die Interpretation im Gartenzimmer keinem Korrektheitsanspruch genügte. Die Tänzerin hatte auch keine Kenntnisse in musikalischer Theorie, Fantasie aber offensichtlich genug, um mit ihren Füßen das Verlangsamen und Beschleunigen zu begleiten, es gleichsam anzutreiben mit ihren Rennereien, die sich aus einem ewig milden Sommer nährten.

Sie lebte in einer Blase. Wie ist es dort? Was verband uns damals, was mich auch jetzt noch mit ihr verbindet? Es könnten, so stelle ich mir vor, Bewegungen sein, wie man sie vom Schwimmen kennt. Tief hole ich Luft und breite mich dann mit dem Rücken auf dem Wasser liegend aus. Ich schwebe! Nur ab und zu ist ein leichter Beinschlag nötig, für den man kaum Kraft benötigt. Die Bewegung scheint von selbst zu kommen, speist sich aus der Kraft des Wassers. Dann gibt man die Kraft wieder ab, nimmt sie sich wieder und immer weiter treibt man auf dem Wasser schwerelos dahin, als ob es endlos wäre.

Oder auch: kurz bevor man einschläft! So könnte Juliane das im Gartenzimmer empfunden haben: Das

Bein zuckt in einem Rhythmus, den man nicht mehr selbst bestimmt, der sich einem schenkt und alles angestrengt Gezielte lässt, weil man weiß: Man ist am Ziel, schläft gleich ein, ohne dieses Ruhen errungen zu haben. So gleitet man hinüber in ein Land, in dem Fantasie und Ruhe, Tanzen und Liegen, das Rennen und das Schwerelose zu Hause sind. Und dieses Zuhause ist keine Erfindung, sondern war real – damals. Aber ich bewege mich darin auch jetzt, wenn ich mich in diese Erinnerungsmomente vertiefe oder mich Musik umspielt. Dazu das helle Rot der Kletterrosen vor dem Fenster des Gartenzimmers. Ausgerechnet rote Rosen! Das ist aber nun zu viel des Guten, werden manche vielleicht sagen. Und ich sage: Ja! So viel Gutes habe ich erfahren. Andere wiederum sagen: „Vielleicht bekommt ihr ja noch ein Kind." Und wir? Sagen nichts. Was sollten wir denn auch schon sagen, außer dass wir ein Familienleben haben.

Erlenbach am Main, Dezember 2010

Wenige Wochen, nachdem uns ein Kind geboren ist, gehen wir in die Kirche. Es ist Advent, man bereitet sich auf die Geburt des Kindes vor, von dem es heißt, dass es den Frieden bringt. Bald kommt die Nacht, in der man singt: „Es ist ein Ros entsprungen aus einer Wurzel zart. Wie uns die Alten sungen, aus Jesse kam die Art." Was erwartet uns in der Kirche? Die Weihnachtsgeschichte wird aufgeführt, nicht die mit Trompeten-Glanz und Pauken-Getöse nach der Weise des Johann Sebastian Bach, sondern die Weihnachtshistorie nach Heinrich Schütz. Sie ist karger instrumentiert, mit Fagott, Flöten, Trompeten, die meist unabhängig voneinander erklingen. Die in Erlenbach am unterfränkischen Main gelegene Kirche aber ist verschlossen. Die Heizung sei ausgefallen, lesen wir an der Tür. Der Sprung der Rose also ist verlegt – an einen anderen Ort, in ein anderes Gotteshaus. Auch wenn wir nicht ortskundig sind, erreichen wir die Aufführungsstätte rechtzeitig. Denn die Weihnachtsgeschichte fängt eine halbe Stunde später an, niemand soll ausgeschlossen werden, auch wir nicht, die als Nichtabonnenten der Lokalzeitung die Nachricht vom Heizungsausfall am Frühstückstisch nicht lesen konnten. Beinahe der ganze unterhalb der Weinberge liegende Ort scheint versammelt zu sein. Nur in der ersten Reihe ist noch Platz – ausgerechnet!

Und nun? Unsere Geschichte wird erzählt. Eine Frau ist schwanger, neues Leben bewegt sich zur Musik, die herzlich spricht. Und das Kind wird in Windeln gewickelt. Auch wir! Eben hatten wir das Kind in eine Decke gewickelt. Es lag in keiner Krippe, aber in unseren Armen. Und ich schaute in ein Gesicht, das friedlich war. Zur Musik wächst etwas in mir, das nach draußen drängen will: Gleich muss auch ich singen, denke ich, aber nicht zart, sondern überschwappen, wie eine Welle wird es aufbrausen, brüllen, stürmen, rollen, immer weiter und unendlich lange tosend rollen, um schließlich ganz am Ende erschöpft am Strand auszugleiten. Ist Musik eigentlich ein Trost? Oder bringt sie im Gegenteil die Gefühle nur noch mehr in Aufruhr, erhebt die Seele also nicht, sondern hypnotisiert und zerrt sie hinab, wie Tolstoi in seiner Kreutzersonate schreibt? Auch meine Banknachbarin, bemerke ich, kann sich nur mühsam halten. Emotionsexplosionen in der Kirche? Von musikalischen Klangekstasen abgesehen kommt das kaum vor, mag die Bibel vor Hoffnungsgier, Lust und Wut zuweilen auch noch so knarren, ächzen und die Stimmen sausen lassen. Aber wir befinden uns nicht im biblischen, sondern im Zeitalter der Glücksratgeber, die Trainingsprogramme für mehr Ausgeglichenheit bieten, dazu Tipps für die kleine (aber möglichst nie zu große!) Freude an jedem Tag.

Aber womöglich musiziert es in vielen nicht weniger heftig als bei Julianes Eltern in Reihe eins? Dann lebt das biblisch-musikalische Zeitalter immer noch, wenigstens in diesem Moment, auch wenn sich alle Kirchenbanksitzer nach außen mitteleuropäisch gesittet verhalten. Nicht wenige wünschen sich Kinder, können aber keine bekommen. Ein Viertel aller Schwangerschaften endet still, kann man manchmal lesen. Manche vermuten, es seien noch viel mehr. Wenn ich von Juliane erzähle, heißt es oft: So etwas Ähnliches habe man auch erfahren! Oder jemand Bekanntes habe erlebt, dass nicht jede Geburt in dem Sinne glückt, dass das Baby nach der Geburt schreit. Manchmal versagt dann die Stimme. Ein eben noch munter Sprechender wirkt wie außerhalb der Zeit. So erlischt das Gespräch für mehr als nur einen Augenblick, weil vor vielen Jahren einmal ein Kind im dritten Monat nicht weitergewachsen ist.

Vermutlich sitzen nicht nur wir aufgewühlt in dieser Geschichte, die von der Freude erzählt. Aber womöglich rührt diese Freude gerade jene an, die kein sogenanntes intaktes Leben vorzuweisen haben? Das Kindlein lebt! Der Tenor aber berichtet auch: Die Familie ist auf der Flucht. Denn König Herodes lässt alle Kinder, die jünger sind als zwei, in Bethlehem und Umgebung töten. Alle? Das ist keine Rand- und Sondergruppe. Wie es den Eltern am ersten Weihnachtsfest der Weltgeschichte ergangen ist? Auch davon schweigt die Geschichte nicht. Zu hören ist eine Schmerzensmelodie, die vermutlich auch nur jemand komponieren, singen und in ihrer unnachahmlich tröstlich-traurigen Weise erfahren kann, der die andere Seite von Weihnachten nicht unterdrückt: „Da war es erfüllet, das gesaget ist durch den Propheten Jeremias, der da spricht: Auf dem Gebirge hat man ein Geschrei gehöret, viel Klagens, Weinens und Heulens. Rahel beweinete ihre Kinder und wollte sich nicht trösten lassen, denn es war aus mit ihnen."

Wachsende Erleichterung

„Und was macht ihr an Weihnachten?", fragt die Trainerin unmittelbar vor Weihnachten an dem Ort, wo ich meine Muskeln und Gelenke regelmäßig in Bewegung halte. „Weihnachten fällt aus", sage ich: „Wenigstens feiern wir nicht typisch familiär." Kurz erzähle ich von meinem Kind. Davon habe sie gar nichts gewusst, sagt sie, was mich folgern lässt: Nicht alle Geburtsnachrichten verbreiten sich schnell. Dann erzählt sie: Ihr Vater sei vor sechs Jahren gestorben, direkt an Weihnachten, da war sie Anfang zwanzig. Weihnachten also fiele aus, auch bei ihnen. Beim letzten Mal hätten sie es einmal mit Geschenken probiert: „Ein Versuch!" Sich unter Kontrolle halten könne man sowieso nicht: Alles sei möglich, alles erlaubt. Die Feiertage jedenfalls seien frei von jedem Gemütlichkeitsehrgeiz. Und dann sagt sie noch: „Loslassen? Wenn ich das schon höre!" Wäre es nicht viel mehr unmenschlich, den Fehlenden nicht mehr zu vermissen? Allerdings: Sie könne von ihrem Vater nicht gut reden. Indem sie aber davon spricht, dass sie davon nicht gut sprechen könne, platziert sie eine wachsende Erleichterung in den Raum – mitten im kalten Winter.

Clingenburg, Heiligabend 2010

An Heiligabend gehen Julianes Eltern auf Wegen oberhalb der Clingenburg spazieren, die sie im Sommer erkundet hatten, damals noch zu dritt. Der Abend setzt bereits am Frühnachmittag ein, zum Schnee fällt stets neuer hinzu. Wir waten bisweilen knietief durch das Weiß, obwohl wir uns in einem eigentlich nicht sonderlich spektakulären Mittelgebirge befinden. Im Tal, wo wir wenigen Tage zuvor die Weihnachtshistorie gehört haben, sehen wir verschwommen Lichter, hören Glocken. Bis auf einen verwegenen Waldläufer sind wir in dieser Landschaft allein und erleben Heiligabend, wie es Geschichten erzählen: dem Wetter ausgeliefert, kalt und dennoch tröstlich eingehüllt. Ohne Frohsinnspflicht stapfen wir durch den Zauber einer Realität, wie man ihn sonst womöglich nur noch in Erzählungen Adalbert Stifters finden kann.

Längst losgelassen

Oft hört man, dass es nötig sei, Vergangenes loszulassen. Gemeint ist ein Lebensabschnitt, ein Ort, das erwachsen gewordene Kind, Freunde oder der Verstorbene. Beim Loslassen handelt es sich um alltagspsychologisch auf ein Wort zugespitzte Erkenntnisse, die auf einem Ansatz innerhalb der Trauer- und Sterbeforschung fußen. Ihm zufolge handelt es sich beim Trauern um einen Prozess, dessen Durchwandern wieder beziehungsfähig mache. Die Phasen müssen nicht zwangsläufig nacheinander, aber im Großen und Ganzen doch alle durchschritten werden: Nach dem Nichtwahrhaben-Wollen, dem Leugnen, der Phase der Wut und des Suchens erreicht man schließlich einen Zustand, in dem man den Verlust akzeptiert. Der Verstorbene kann zu einer inneren Figur werden, was gleichwohl voraussetzt, dass man sich von ihm trennt. So kann es nach dem Erleben sozialer Distanzierungen zur Wiedereingliederung in die Gesellschaft kommen.

Nicht loslassen zu können ist dann das Bild für eine Störung in diesem Prozess, etwa für das Verharren in der Phase des Nichtwahrhaben-Wollens. Man weigert sich, inneren Frieden zu finden und das Leben neu anzupacken. Stattdessen befindet sich der Trauerprozess-Verweigerer im Stau, weil er das geliebte, aber doch nachweislich vergangene Leben nicht lassen will. Er hält die Finger krampfartig am Alten fest. Wer dagegen loszulassen lernt, sich also – um das Bild weiter auszumalen – vom Beckenrand abstößt, dem kann es gelingen, wieder frei zu schwimmen. Soweit, so plausibel und logisch.

Das Problem, falls es überhaupt eins ist: Meine Tochter ist nicht alt geworden, hat offiziell betrachtet nicht einen Tag gelebt. Da war nur die Schwangerschaft, sonst nichts. Und dennoch, knapp zwei Jahre nach Julianes Geburt stelle ich nüchtern an mir fest: Selbst wenn ich loslasse, und ich wollte es schon oft, kommt es nicht wirklich zum Abschied. „Vielleicht übertreiben wir mit unserer Trauer?“, fragen sich viele Eltern von Kindern, die nicht mehr leben. So frage ich mich auch. Und indem ich auf diese Weise frage, fühle ich mich wie in einer falschen Haut. Und ich überlege weiter: Soll ich in eine andere Haut schlüpfen, indem ich das Vergangene einfach gehen lasse? Also gut, beschließe ich erneut: Ich lasse meine Tochter gehen! Sie allerdings scheint auf eigenwillig andere Weise sehr lebendig zu sein, denn immer kommt sie zurück, ohne dass ich das Gefühl habe, dass sie mich damit am Leben hindern wolle. Denn gerade sie gibt mir oft die Sicherheit, in der einzig richtigen Haut zu sein, nämlich in meiner: Wenn ich traurig und unruhig bin, rufe ich mir ihr Bild vor Augen: Augenblicklich werde ich ruhig.

Warum funktioniert das mit dem Loslassen bei vielen Menschen nicht? Bei mir verhält es sich so: Ich kann nicht loslassen, weil ich Juliane längst losgelassen habe, sie loslassen musste, nicht nur bildlich, sondern konkret. Nach der Geburt war sie bei uns, das waren einige Stunden. Wann immer ich wollte, konnte ich sie halten und berühren und tat es auch. Noch weitere Tage könnten wir sie bei uns haben, sagte die Hebamme an Julianes Geburtstag. Aber, da waren sich Mutter und Vater einig: Das würde nichts daran ändern, dass wir sie lassen müssen. Die Mutter beugte sich über ihr Kind und freute sich: „So etwas Schönes also haben wir zustande gebracht!“ Ich stellte mich dazu und wunderte mich. Wir staunten Juliane an: ein Wunderkind. Und schon wieder nahm ich sie auf meine Arme, als ob diese eigens fürs Wiegen geschaffen worden wären. So stieg ich die Treppe hinab.

Denn wir hatten in der Frauenklinik ein Zimmer ganz weit oben, direkt unterm Dach. Wir wurden freilich nicht abgeschoben, sondern eher hinaufgehoben. Dort oben nämlich gab es eine Luxussuite für Vater, Mutter, Kind, die man uns infolge unsrer eigensinnigen Tochter zugewiesen hatte. Von dort aus trug ich sie hinab in jene Region, wo die gewöhnlichen Familien logierten – auf der Suche nach einer Schwester, die Juliane für immer von uns nehmen könnte. Wir wollten nicht die ganze Nacht zu dritt verbringen, sonst hätten wir sie vermutlich nie mehr losgelassen. Ich hörte – was in einer Geburtsklinik kein Wunder ist – Babys schreien. Meine Tochter? Schwieg verträumt, wie fortgeschritten. Sie war eben, sagt der stolze Vater, anderen Babys voraus. Als ich dann eine Schwester traf, wusste sie mit dem Wunderkind nichts anzufangen. Es passte nicht recht in diese Welt. Folglich konnte ich sie noch nicht loslassen, sondern nahm sie wieder mit nach oben, wo einige Stunden später ein Mädchen aus unserem Blickfeld genommen wurde, das die Augen traumhaft geschlossen hielt. So ließ ich sie los und kann das Träumen nicht lassen, sie eines Tages wieder zu berühren.

Wiesthal im Hochspessart, Mai 2010

Wohin geht ein Mensch, der gar nicht gehen kann? Gelaufen ist Juliane nie an meiner Hand. Und doch! Im übertragenen Sinn ist sie viele Wege mit uns gegangen. Oft waren wir mit ihr unterwegs. Sie zeigte uns den Weg. Einmal, da stiegen wir im Spessart aus dem Zug, an einer Station, die aussieht, wie der Name es vermuten lässt, in Wiesthal. Der Bahnhof liegt direkt am Wald. Und eine gehörige Portion Fußweg entfernt in einem Wiesental findet sich dazu eine Häuseransammlung. Was wollten wir im Spessart? Ins Wirtshaus. Das mussten wir nicht suchen, es war uns bekannt. Der Weg dorthin jedoch war neu, er sollte nämlich ohne zu große Steigung sein. So spazierten wir an der Bahnstrecke entlang, die 1854, also gar nicht viele Jahre nach Eröffnung der ersten Bahnstrecke in Deutschland entstanden ist. Und wieder war da dieses Strampeln – protestierte oder tanzte sie? Staunte sie, war sie begeistert? Kein Zug konnte von Juliane unbemerkt an ihrer Mutter vorbeirauschen.

Woher eigentlich kommt die Begeisterung für Züge, die auch das Gesicht eines Hochbetagten innerhalb von Sekundenbruchteilen in kindliche Freude verwandeln kann? Was meine Tochter zu heftigen Reaktionen inspirierte, ähnelt womöglich dem, was ich als Kind einmal erlebte. Auch ich ging mit meinem Vater an einer Bahnstrecke entlang, frei von der Absicht, eine extremistische Zahl an Höhenmetern zu überwinden. Wir waren in einem Gebirgs- und Wanderurlaub, aber wollten jetzt einmal einfach nur spazieren gehen. Das war zu einer Zeit, in der selbst an kleinen Bahnstationen reges Leben herrschte. Es gab einen Schalter, der überdies geöffnet war. Dahinter saß ein Mensch, der atmete und reden konnte. Die Automatisierung freilich hatte begonnen: Sie zeigte sich in einer Apparatur für Süßigkeiten, die Seltenheitswert besaßen. Von dieser Besonderheit überzeugten wir uns nicht nur theoretisch: Wir wollten die Süße berühren, riechen und probieren. Viele Münzen landeten im Kasten, was eine üppige Ernte bescherte: Das war der Proviant, mit dem wir an der waldreichen Bahnstrecke entlangschlenderten. Wir hörten und sahen rotbraune Schienenbusse mit unvergleichlich elegant abgerundeten Ecken, die ich nur von Modelleisenbahnen kannte. Ich hatte gedacht, diese Busse gäbe es nur im Kleinformat. Und jetzt? Da war der Traum zur Welt gekommen – es gab sie also wirklich. Und auch die Bergwelt, durch die Modellzüge oftmals fahren, war auf eine unvorstellbar schöne Weise real geworden. So erreichten wir das Ziel: ein Viadukt, über das die rostroten Züge glitten. Oben die Züge und wir unten durch! Es war eine Sensation, deren Grazie mich bis heute nicht losgelassen hat. Und es erinnert mich an das Kind, das wirklich war, immer wirklicher wurde und strampelte, wenn ein Zug in hellem Rot durch den endlos scheinenden Wald des Spessarts raste.

Und doch beruhigte sie sich auch wieder, wenn sie etwa meine Stimme hörte. Das behauptet zumindest meine Frau. Und jetzt? Hallo, du ferne Zugenthusiastin, kannst du mich vielleicht noch immer hören?

Wir gingen zu dritt, sechs Füße auf einem Weg, vier berührten den Boden direkt. So kehrten wir ins Wirtshaus ein, das außergewöhnlich einfach ist: Es gehört zu den vermutlich letzten 83 Gasthäusern, in dem keine Musik aus einem Radio quillt. Sofort freute sich das Kinderherz! Dort saßen wir. Und sind weggegangen, weitergegangen, wiedergekommen, gehen dorthin immer wieder einmal hin – ohne sie, die ganz woanders hingegangen ist. Dennoch können die Wege, die man gemeinsam gegangen ist, einen auf tiefe Weise mit den Toten verbinden. Ich spüre dann so etwas wie eine verloren gegangene Vollständigkeit. Verloren deshalb, weil es nie mehr so ist, wie es war, als Juliane die Rasanz der Züge im stillen Spessart kommentierte. Und doch fühlt es sich auch vollständig an, wenn vier Füße die Erde berühren. Den Weg an der Bahnstrecke hätten wir schließlich nicht gefunden, wenn sie nicht gewesen wäre. Sie ist uns nah – vielleicht auch deshalb, weil Wege keine Wände kennen.

Jenseits des Meeres

Das Eigentliche bleibt verhüllt. Die letzte und tiefe Nähe, die Erfüllung, die Gewissheit, dass alles gut und richtig ist – all das liegt hinter einer Wand. Es sind außergewöhnliche Augenblicke, die spüren lassen: Die Wand ist verschwunden, der Vorhang geht auf! So ist das jedenfalls bei uns: Als Juliane lebendig war, war sie noch nicht geboren. Als sie aber geboren war, lebte sie nicht mehr. Und wenn sie gelebt hätte? Dann wäre das Geheimnis des Lebens dennoch verhüllt geblieben. Ich hätte niemals alles wissen, erfassen und verstehen können, was in diesem Kindskopf vor sich gegangen wäre. Umgekehrt hat sich mir etwas mitgeteilt, was ich ohne ihre Atemlosigkeit vermutlich nie erfahren hätte: Als sie nach der Geburt gelassen und zufrieden wirkte, allenfalls ein wenig mürrisch infolge der gelegentlichen Aufregung, da war die Wand verschwunden: Alles war so, wie es eben war. Und niemand sprach ein Urteil, weil sich alles aus sich selbst erklärte und deshalb niemand eine Erklärung suchte oder forderte. Dieser Augenblick ist unvergessen und doch verschwunden – und mit ihm auch sie.

Gern würde ich überwinden! Nicht den Verlust, weil mir das unmöglich erscheint, aber die Ferne zwischen ihr und mir, dieses Meer, hinter dem ich das Glück vermute. „Du warst ihr wirklich nah!", sage ich zu meiner Frau mit einem Anflug von Neid, da sich bei mir wieder einmal das Gefühl einschleicht, meine Tochter niemals richtig gekannt zu haben. „Ganz nah war ich ihr“, bestätigt sie. Aber doch sei es ein eigener Mensch gewesen, den sie nicht gesehen habe. So sei mit ihm auch die Erwartung gewachsen: Wer ist denn das genau? Dann sei das Kind da gewesen. Und genau in diesem Augenblick auch wieder fort.

Und wieder ist da diese Wand, auch bei meiner Frau. Wenn wir jetzt Wege gehen, die uns mit Juliane verbinden, dann nimmt das dem Schmerz die Wucht, es ist tröstlich. Und doch geht auf diesen Wegen, die keine Wände kennen, Juliane natürlich nicht wirklich mit uns – auf eigenen Füßen. So bleibt es auf banale Weise traurig, auch wenn wir zu unserer Tochter eine Nähe eingehen können, die andere Familien womöglich gar nicht kennen. Lieber wäre mir jedoch gewesen, Juliane hätte nach der Geburt ihre Finger bewegt.

Ein Wunsch, der unerfüllbar ist. Und doch! Ja, was denn? Auch wenn sie die Finger nicht bewegte, war es mir, als ob der Schleier, der das Letztgültige verhüllt, davongesegelt war. Und es war klar: Niemand hat etwas zu fürchten. Und ich staunte. Davon indes kann ich nur selten erzählen. Das liegt gewiss daran, dass kaum jemand mit solch einer Erfahrung in diesem Augenblick rechnen würde. Eltern tritt eher das Unvorstellbare vor Augen, nicht völlig ausschließen zu können, ebenfalls ein Kind zu Grabe tragen zu müssen. Wie sollte ich ihnen da vom Ende aller Furcht vorschwärmen? So war nach der fantastischen Enthüllung bald alles wieder wie gewohnt: Stets bleibt eine Wand. Manche ahnten von unserer Erfahrung dennoch etwas, kennen wohl auch selbst solche Momente von Ewigkeit oder sehnen sich nach ihnen – wie eine Karte bezeugt, die von jenseits des Meeres zu kommen schien. „Ihre Post hat mich gerührt und bewegt mich auch heute, zwei Tage vor Weihnachten. Nun schriebe ich so gerne einen Brief, der mit ‚möge' begänne. Aber das Unverwindliche ist nicht zu verwinden. Und doch. Auch das Leben Ihrer Juliane ist ein Wunder und bleibt es."

Schweinfurt, August 2010

„Wie lange dauert es noch?", fragt die Bedienung im Café, als sie den gewölbten Bauch meiner Frau sieht. Und sie erzählt, wie ihr Kind zur Welt kam. Wieder haben wir ein Ziel gefunden, auf das uns unsere Tochter gebracht hat, weil es einfach zu erreichen ist. Wir sind in Schweinfurt, einer Stadt, die viel Industrie zu bieten hat, aber auch breite Straßen, abgelegene Gassen und im Main ruhende Inseln. 1788 wurde in Schweinfurt Friedrich Rückert geboren, Kosmopolit und Unterfranke. Er hat aus 44 Sprachen übersetzt, zum Beispiel den Koran. Er hat so viel geschrieben, dass rund 6000 Gedichte unveröffentlicht im Stadtarchiv ruhen: Schätze, die das Licht der Welt noch nie gesehen haben.

Es ist sommerheiß. Das Terrassendach im Café dient als Schirm, das uns mit dem Sonnenlicht nicht direkt konfrontiert. Wie mit der Bedienung jetzt ergeben sich häufig Gespräche, da Juliane merkbar, aber ihr Geheimnis wahrend größer wird. Sie zeigt sich nicht unmittelbar, aber ist mehr als ein Konjunktiv, nicht nur ein Wunder, sondern ein allein von der Decke des Bauchs verdecktes Lebewesen. An einem großen Tisch neben uns feiert eine bunt gemischte Familie das sommerträge Nichtstun mit einem Hin und Her von Worten, die keinen anderen Sinn haben als zu klingen, also nicht argumentativ-diskursiv zu irgendwelchen Arbeitsergebnissen führen wollen. Gut hörbar wird der fränkische Dialekt gesprochen, der das Ohr jedoch nicht stört, weil er sich aus Prinzip all des Überdreht-Geschärften entledigt hat.

Das frankentypische Verschlucken von Endsilben versetzt mich in einen Geborgenheitsrausch. Als Kind war ich oft unter Verwandten, die so sprachen. Sie hatten keinen eckigen Zielehrgeiz, sondern allenfalls den Wunsch, Kindern Gutes zu wollen. Das wird auch Juliane im Café in Schweinfurt gefallen haben, die durch die Bauchdecke hindurch den Klang der Welt gern hörte, wenn er ihr zugleich auch Ruhe ließ. Sag, verehrte ferne Tochter: Da ging es dir doch nicht schlecht, als wir dich noch für ein ganz normales Wunder hielten, das in einigen Wochen Abdrücke im Kinderbett hinterlassen würde? Gewiss: Damals war sie niemals lieber als in diesem Café, mochte sie auch später andere Wege gehen. Dass sie mit uns gerne ging, kann ich freilich nicht beweisen, Juliane hat es nie zu Protokoll gegeben. Aber wäre es beweisbar, würde es dieser sommerlichen Gewissheit den Zauber nehmen.

Rebellin

In Zeiten moderner Medizintechnik ist es nicht präzise, wenn man behauptet, sein Kind vor der Geburt nie gesehen zu haben. Dank Ultraschall lässt sich nämlich ein Bild erstellen. Neuerdings kann man das wachsende Wesen inklusive Gesicht sogar in 3D abbilden. Aber nicht jedes Kind spielt mit. Unsere Tochter hatte einen offenbar so dicken Kopf, dass sie genau diesen für sich behalten wollte. Sie war nicht folgsam, wenn es darum ging, sich auf angemessene Weise auf die sich stets erweiternden Erkenntnisbemühungen kluger Forscher einzulassen. Was aus der Sicht des Kindes nicht dumm sein muss. Diverse Testverfahren der Analysekunde können dem Kind in seiner Mutterhöhle schließlich ganz schön nahe kommen. Das Messen der Nackenfalte oder die Untersuchung des Fruchtwassers führt zuweilen zur wissenschaftlich abgesicherten Prophezeiung: Mit einem gewissen Prozentsatz an Wahrscheinlichkeit wird das Kind so, dass es nicht den allgemeinen Gepflogenheiten entspricht. Dann wird gefragt: Soll es jetzt noch weiterwachsen? Auch für das Kind sei es wohl besser, wenn es an ein Ende kommt, weil es doch sonst sehr besonders würde. Was dann? Wehren kann sich das Kind gegen solche Untersuchungen kaum, weil es noch nicht volljährig ist. Manchmal aber lassen Eltern, wenn die vielleicht 77. Suche nach einem Fehler angekündigt wird, einen Satz fallen, der dem von Hermann Melvilles ersonnenen Helden Bartleby abgelauscht zu sein scheint, dem König aller Verweigerer: „Wir wollen lieber nicht.“ Dann ist die Überraschung beim Analysepersonal groß, aber wiederum nicht so groß, um nicht sofort ein Dokument zur Hand zu haben, das unterschrieben werden muss: „Wir wurden gewarnt. Falls das Kind den allgemein anerkannten Idealzustand nicht erreicht, werden wir den Arzt nicht verklagen.“

So gebe Gott oder die Wissenschaft, dass alles gut beziehungsweise optimal werde, wobei man gelegentlich auf den ketzerischen Gedanken kommen kann: Ist der Mensch überhaupt dazu gedacht, vollendet oder endlos gesund zu sein? Natürlich ist es nachvollziehbar, das Ungewollte minimieren zu wollen. Deswegen arbeiten Mediziner und Patienten zusammen, um alles in den Griff zu kriegen. Andererseits fühlt es sich auf Dauer nicht immer ganz gesund an, eine wachsende Familie unablässig als Risikopotenzial für eine immer reiner werdende Menschheit zu deklarieren. Vielleicht hatte unser Kind es satt, als eine im Falle eines Falles sofort zu optimierende respektive zu eliminierende Patientin in den Blick genommen zu werden? Jedenfalls war sie beim Ultraschall störrisch, zeigte sich wiederholt rebellisch.

Stets fand diese Wanderin neue Wege, um dem Porträttermin auszuweichen. Nach einigen Mühen, Kopfschütteln und dem leicht hysterischen Lachen ihrer Verfolger wurde sie dann doch gestellt. Allzu weit konnte sie ohnehin nicht fortwandern. Außerdem kann bekanntlich niemand ständig Verstecken spielen. Irgendwann ist es mit dem Spielen aus. Dann beginnt der Ernst des Lebens – manchmal schon beim Ultraschall. So bekam die Medizin Juliane doch noch auf den Schirm. Was aber war von ihrem Kopf zu sehen? Eine Hand. Wieso eine Hand? Juliane hielt sich diese vors Gesicht. Wollte sie sich schützen, war es eine Geste der Schüchternheit? Vielleicht wollte sie einfach ihre Ruhe haben und sich nicht vollkommen erfassen lassen. Was sich als Sympathieerklärung mit längst vergangen geglaubten Rebellen auslegen lässt, die bei einer Volkszählung das Türläuten der Informationshungrigen schlicht überhört hatten.

Julianes Abwehr wirkt charakterstark. Dennoch macht mir der Gedanke zu schaffen: Hat sie nach etwas gesucht, das schöner ist als das, was wir ihr hätten bieten können? War also das, was wir ihr bieten konnten, nicht genug? *Etwas bieten:* Das klingt nach dem Bereich, in dem Handel, Versteigerungen und Geschäfte bestimmend sind. Und ich beruhige mich: Ein Kind befindet sich vor dem Eintritt ins Leben nicht auf einem Basar, wo es verschiedene Angebote prüft. Andererseits hat eine nahende Geburt durchaus etwas mit jenem Gefilde zu tun, in dem Konkurrenz und Wettbewerb zu Hause sind. So fragen werdende Eltern: Wo ist die beste Klinik, das herrlichste Ambiente, wo sind die idealen Ärzte? Man kann auch ein Geburtshaus oder die Hausgeburt wählen. Seit einigen Jahren haben sich sogenannte *Krankenhauskreißsaalbesichtigungstouren* etabliert. Schon die Länge des Wortes zeigt: Es kommt dabei auf Ausdauer an. Aber auch Schlagfertigkeit ist gefragt. An Manager erinnernde künftige Väter verwickeln die Fremdenführer in Bewerbungs- und Prüfungsgespräche. Und die Mutter schaut bewundernd zu ihrem Manager auf, der dafür sorgt, dass es beim Leben darauf ankommt, die Geschäfte richtig zu führen. Auch den Geburtsvorbereitungskurs nimmt man auf geschäftige Weise sportlich und es gilt, sein Gesicht zu zeigen: Wer ist das beste Elternpaar? Wer ist gelassener, panischer, verwegener und witziger als die anderen?

Ausgerechnet dort, wo es ums Kaufen und Verkaufen geht, war von der Geburtsgeschäftigkeit allerdings wenig zu spüren. Die Kinderwagenverkäuferin wollte nicht um die Wette bieten bei der Frage: Wer sorgt am besten für sein Kind? Sie habe nicht alles im Griff gehabt, erzählte sie: Den Kinderwagen hatte sie erst nach der Geburt bestellt – und dann auch noch per Internet! Und auch bei den angeblichen Alleskönnern sei nicht immer alles perfekt, verriet sie: Einige nämlich erschrecken, wenn in den Kofferraum ihres nicht gerade bescheidenen Automobils so gut wie kein Kinderwagenmodell passen würde, sie sich also bis zur Geburt auch noch um ein neues Auto kümmern müssten. Und wir lachten, auch die Verkäuferin konnte es kaum glauben, als sich das von uns gewählte Modell ideal in den Kofferraum unseres Kleinstwagens versenken ließ.

Da hatten wir inmitten der Optimierungswettkämpfe eine Oase erreicht. Es war so befreiend schön und himmlisch, dass ich manchmal denke: Das Sterben eines Kindes ist der Eintritt in eine Welt, in der es mit dem Konkurrieren ein Ende hat. Dann geht es nicht mehr darum, sich permanent behaupten müssen, um nicht als Verlierer da zu stehen. Dann muss man nicht so leben, dass man medizinisch und nicht nur medizinisch ständig alles Störende zu verfolgen und zu eliminieren hat. Dann ist Julianes Wahl auch keine geschäftlich motivierte Entscheidung für ein Leben, das ihr mehr bietet, als wir ihr hätten bieten können. Sondern? Sie wählte zwischen einem Leben, in dem alles sichtbar, bestimmbar und katalogisierbar sein soll, und dem vollkommen Anderen. Falls man ihr Gehen als Wahl bezeichnen kann. Und falls es sich überhaupt um ein Gehen handelte, vielleicht wurde sie auch geholt, als ihr Herz zu schlagen aufhörte – wann genau, kann kein Arzt sagen.

Bot ihr der Himmlische mehr, als wir ihr bieten konnten? Dann befindet sich mein Kind nicht im Nirgendwo und das ist tröstlich. Andererseits macht mich der Gedanke wütend. Und mein Ärger gilt dann ohnehin nur indirekt einer Medizin, die sich kurz vor dem Anbruch des goldenen Zeitalters wähnt, das das Ende aller Fehler feiern wird. Nein, falls der Höchste Juliane von mir weglockte, dann zielt meine Wut nicht auf die vermeintlichen Götter in Weiß, sondern gilt Gott höchstpersönlich. Ich hätte sie ihm nicht mitgegeben. Stattdessen will ich sie noch immer halten, ich gebe sie nicht her. Und balle die Faust: Das Ringen ist noch nicht beendet! So kämpfe ich um sie, nur ist das Tempus der Gegenwart furchtbar aussichtslos. Der Kampf ist längst verloren und Gott hat mir noch nicht einmal die Chance gegeben, um mein Kind zu kämpfen.

Der fremde Sieger im Himmel ist mir nicht geheuer. Und auch auf meine Tochter bin ich wütend, manchmal auf beide zugleich: Denn sind da nicht – und das ist nur ein Beispiel! – die Zehn Gebote, die gemäß der Bibel von Gott gegeben wurden, um das Leben zu fördern? Dort heißt es: Vater und Mutter sollst du ehren, damit du lange lebest auf Erden. Fast jedes Schulkind weiß davon. Gott selbst aber hält sich nicht daran, indem er Juliane erst gar nicht dazu kommen ließ, ihre Eltern zu ehren. Und sie selbst, die sich so übermütig erfindungsreich und rebellisch zeigte? Sie hätte gefälligst ein einziges Mal brav sein können und ihr Herz schlagen lassen, andere Kinder können es schließlich auch. Indem meine Wut aufflammt, legt sie sich auch schon wieder. Vielleicht weil ich dem Sturmwind der Wut keine Zügel anlege? Lange kann ich dem Himmlischen nicht böse sein. Vielleicht weil er es als Vater mit seinem Sohn auch nicht gerade leicht hatte? Jesus starb nicht sanft. Das dürfte dem Vater gehörig zu schaffen gemacht haben. Und auch mit meiner Tochter bin ich bald wieder gut. Nein, Juliane hat nicht uns verschmäht, sondern allenfalls eine Welt, in der es zum guten Ton gehört, früher oder später ständig um die Wette bieten zu müssen. Jetzt aber geht sie auf Wegen spazieren, wo sie niemand per Ultraschall verfolgt und prüft, ob sie gut genug ist für ein Leben nach den allgemein anerkannten Maßen. Wo sie ist, darf sie die Hand vors Gesicht halten und wird auf eine Weise erkannt, wie es selbst Medizinprofessoren nicht können.

Erbe

Kann ein Kind, das nach gewöhnlichen Maßstäben nicht lebte, eigentlich etwas vererben? Juliane hat keinen Beruf erlernt und es zu keinerlei Besitz gebracht. Und dennoch hat sie uns etwas hinterlassen: das Recht auf einen geschützten Raum. Niemand muss sein Gesicht zeigen, wenn er es nicht will. Keine 48 Stunden, nachdem wir zum Krankenhaus aufgebrochen waren, sind wir zurück. Zuerst einmal bugsiere ich den Kinderwagen in den Keller. Und dann? Keine Totenruhe. Da ist ein Klingeln, Klopfen, ein Sich-kümmern-Wollen. Es tut gut zu wissen, dass wir nicht vergessen werden! Aber manchmal hilft nur eins: nämlich so zu reagieren, wie es die Handbewegung unserer Tochter lehrt.

Wenn ein Kind stirbt, ist vieles fraglich. So breiten viele vor uns ihre Fragen aus, oftmals ungefragt. Sie begnügen sich nicht mit Informationen, sondern erhoffen Antworten auf die großen Fragen des Lebens, die sie seit Jahren nicht in Ruhe lassen. Meine Frau ist Pfarrerin, das spielt natürlich eine Rolle. In diesem Beruf geht es schließlich nicht zuletzt darum, für andere da zu sein und auf ihre Fragen einzugehen. Dazu tritt oft auch die Erwartung: Nicht nur Pfarrer oder Pfarrerin, sondern die gesamte Familie ist für die Menschen der Gemeinde da. Diese Hilfe muss nicht direkt erfolgen. Allein die Vorstellung, dass im Pfarrhaus eine Familie lebt, ist für viele schon ein Bild, das Geborgenheit ausstrahlt. So treffen wir als Familie zuweilen auf eine Sehnsucht, die auch andächtige Betrachter von Weihnachtskrippen erfasst: Sie sehen ein Kind, das nicht nur dessen Eltern freut, sondern auch anderen ein Lächeln auf die Lippen spielt. Dieses Kind ist nicht nur privat, sondern soll zur Freude vieler werden. Das kann man natürlich nicht nur bei Pfarrfamilien erleben: Kleine Kinder gelten ganz allgemein als Boten der Heiterkeit. Wildfremde Menschen lachen, sprechen mit dem Baby, wollen es berühren, streicheln und geben Laute von sich, die man ihnen nie zugetraut hätte.

Was aber jetzt? Kein Baby liegt in der Pfarrhauswiege. Das haben sich viele anders gewünscht, sie können es nicht verstehen. Denn ist über der schweren, hölzernen und messingbeschlagenen Tür des Pfarrhauses nicht mit großen Buchstaben in Buntsandstein eingraviert: „Eine fest Burg ist unser Gott"? Damit ist nicht direkt das Pfarrhaus gemeint, sondern eine immaterielle Geborgenheit bei Gott. Und doch gilt das Haus als ein Symbol: Die Mauern verweisen auf Größe, Kraft und Macht des Himmlischen. Wer nicht weiterweiß, darf sich an diese Adresse wenden – mit dem Gefühl: Es gibt immer eine Burg, in die ich fliehen kann, wenn die Sicherheit verloren geht. Nun aber passt dieses Gefühl nicht mehr. Jemand aus der Gemeinde steht in unserm Garten, um Trauben zu ernten, und fragt: „Woran hat es gelegen, warum hat Gott das zugelassen?" Sie spricht von ihrem Leben. Wir haben keine pfarrhaussichere Antwort auf die Frage, warum der von ihr geliebte Mensch vor vielen Jahren gestorben ist. Vor allem jetzt nicht, zwei Tage nach der Geburt und vier Wochen vor dem offiziellen Ende des Mutterschutzes.

Kaum ist die Frau ohne Antwort, aber mit vielen Trauben fort, ist das Telefon zu hören. Eine Anruferin bietet ihr Kommen an, aber nicht nur das: Sie könne doch etwas mitbringen, wie wäre es zum Beispiel mit einer Suppe? Ich stutze: Suppe?! Das kenne ich doch irgendwoher. Ah! Mir fällt es wieder ein: Davon habe ich in Verbrauchermagazinen gelesen, die diesen Tipp geben für die Situation: So hilfst du Freunden im Todesschock. Manche erzählen davon auch in der Rubrik, die Journalisten *Sozialprotokoll* nennen: „Dann kam jemand vorbei und brachte Suppe.“ Warum eigentlich muss es immer Suppe sein? Juliane lebt nicht, aber meine Zähne sind intakt! Aber ich kann noch so sehr auf meinen Hunger verweisen, vermutlich soll das Leben jetzt gefälligst schwer im Magen liegen. Zu meinem Bedauern lässt die Anruferin sich gar nicht auf meine Rückfrage ein, ob etwas Kräftigeres nicht besser munde. Darum geht es ihr nicht, bemerke ich. Stattdessen höre ich, es klingt wie ein Befehl: „Ihr müsst mir sagen, wann die Beerdigung ist!“ Wieder habe ich den Eindruck, jemand missbraucht unser Kind, um eine tief liegende und sich selbst nicht eingestandene Trauer zeigen zu können. Und wir? Wir haben ein Erbe, die schützende Hand! Nie waren wir so sicher, nein zu sagen, wann immer wir nein sagen wollten. Julianes Erbschaft ist bis heute nicht aufgebraucht. Eltern, die ihr Kind verloren haben, dürfen nämlich selbst entscheiden, wie sie die Beerdigung feiern, ob sie über Gott reden oder wann sie ans Telefon gehen wollen, mag der Anrufer wütend werden oder nicht. So sagen wir es wie ein Mantra vor uns hin: „Wir sind im Moment nicht dazu da, anderen zu helfen.“

Mit einem Mal sitzt eine Psychologin bei uns im Zimmer, die Notfallkette funktioniert. Schaden kann es nicht, denken wir. Sie verweist mehrfach auf eine Trauergruppe, die sie leitet. „Wie kommen Sie eigentlich zu dieser Gruppe?“, frage ich. Sie sei ihr sehr wichtig, ihr Studium sei nämlich eher theoretisch gewesen. Eine Therapieausbildung habe sie nicht, wolle sich aber ehrenamtlich engagieren. Man könne schließlich sehr viel von solchen Eltern erfahren und lernen. Dann lässt sie einige Bücher da. Eins erzählt vom Tod eines Babys – gerichtet ist es an Kinder und endet damit, dass sich ein neues Brüderlein ankündigt. Große Freude! In einem anderen entdecken meine Frau und ich unabhängig voneinander den Hinweis: Beim Verlust eines Kindes erhöhe sich das Krebsrisiko erheblich, aber nicht nur das. Da werden noch alle möglichen anderen fiesen Krankheiten aufgezählt. Stets steht exakt die Prozentzahl dabei, mit der sie uns nun um vieles wahrscheinlicher treffen werden. Was steht sonst noch in dem Buch? „Sex kann es auch danach noch geben“, hat eine Frau der Autorin zu Protokoll gegeben. „Das erste Mal danach war besonders intensiv!“ Aha, so wäre nun auch das geklärt. Klar ist aber auch: Man muss nicht alle Bücher zum Thema lesen. Denn das Gespür für sich selbst geht nicht verloren, wenn man erschüttert ist. Es ist im Gegenteil vielleicht viel ausgeprägter als sonst.

So lassen wir nur die Hilfe zu, zu der wir ja sagen können. Wenn man ein Kind verliert, heißt das nämlich noch lange nicht, unmündig geworden zu sein. Einer ist, wenige Stunden nach der Geburt, auf die Autobahn aufgefahren. Sein Ziel? Die hilflosen Eltern. Projekt-Titel? Beistand. Er ist zwei Stunden unterwegs, da kommt ihm die Idee, sich anzukündigen, ohne allerdings zu fragen, ob wir ihn überhaupt als Gast empfangen, bewirten und unterbringen wollen. Erfreulich: Er sagt nichts von einer Suppe. Doch auch dieses Beispiel nährt die Vermutung: Es gibt Menschen, die sich extrem hilflos fühlen, wenn sie nicht in der Rolle als Helfer auftreten können. Aber ist es denn die Aufgabe trauernder Eltern, anderen zu helfen, nur damit diese sich besser fühlen?

Halte die Tür für alle ständig offen! Dieses Gebot kann ich nirgendwo finden. Und falls es dennoch gilt, befolgen wir es nicht. Stattdessen wird das Haus, über dessen Eingangstür von einer eigentümlichen Festigkeit die Rede ist, in diesen Tagen zu einer Burg. Und Julianes schützende Hand macht es uns babyleicht, immer wieder nein zu sagen. Es nicht zu tun, wäre eine Form der Höflichkeit, die einer Selbstzerstörung gleichkäme. Lieber wenden wir uns ab von denen, die glauben, dass im Leben alles dank Frage- und Antwortkatalogen oder einer Suppe reparierbar ist.

Juliane, die sich stets zu schützen wusste, sah nicht schutzbedürftig aus, als sie geboren war. Sondern sicher, frei, ganz bei uns und auch bei sich und damit auch schon wieder anderswo. Jetzt, da nichts mehr sicher ist, fühlen wir uns auf andere Weise sicher, einig ohne jedes Wort: Hände schützen, indem sie ineinandergreifen. Sie sind nicht verkrampft, auch nicht geballt. Wir zeigen nicht die Faust, um Eroberungswillige wegzujagen. Eher gleichen unsere Hände einem Fächer, hinter dem wir uns verstecken. Durch diesen Schutzschild hindurch kommen Briefe, gute Wünsche, Kinderzeichnungen mit Schmetterlingen oder auch ein Windrad. Eine alte Freundin fragt mit kindlicher Neugier und auf eine Art, die weder panisch noch fordernd ist: „Wie kommt man eigentlich damit zurecht?" – „Es ist, als ob ich eine riesige Beruhigungstablette geschluckt hätte. Ich bin von dieser Riesentablette umhüllt und schleiche wie in Watte gepackt umher." Die Anruferin staunt: „Diese Tablette will ich auch!" Und ich kann nicht anders als zu lachen – und merke in diesem Augenblick: Ich habe mein Gesicht gezeigt.

Schmetterling

Während der Geburt spielte ein Schmetterling für mich eine wichtige Rolle, obwohl ich diese Tiere nie angehimmelt hatte. Nach meinem Geschmack dürfen diese federleichten Geschöpfe nämlich viel zu selten einfach nur Tiere bleiben. Stattdessen sollen sie wichtige Botschaften transportieren und werden symbolschwer aufgeladen. Dabei sind die flatterhaften Wesen eigentlich zu zauberhaft, um als Transporter oder Tieflader Karriere zu machen. Dennoch wird ihnen eine gewichtige pädagogische Absicht mitgegeben, die ungefähr folgenden Inhalt hat: „Sieh mal, da ist eine Raupe. Aber ach wie hässlich, traurig und hungrig! Irgendwie auch schade, solch ein ungeliebtes Wesen sein zu müssen. Aber oh, was passiert denn da? Die Raupe verpuppt sich. Nun warten wir – doch nichts passiert. Und dann? Eines Tages, niemand hätte es gedacht, hat sie sich verwandelt. Die graue strubbelige Raupe mit den Borsten ist jetzt schön und bunt und fliegt!"

Die Lehre also lautet: Immer geht das Leben weiter, es verändert sich. Selbst der Tod kann zur Verwandlung werden. Die Direktheit dieser Botschaft gefällt mir nicht. Denn was ist aus der vielleicht gar nicht nur unsympathischen Raupe geworden? Der Körper mitsamt seiner Besonderheiten ist verschwunden. Das bedaure ich: Denn Borsten können reizend sein. Den widerborstigen und unverwechselbaren Eigensinn meiner Tochter zum Beispiel würde ich sehr vermissen, wenn sie jetzt ein Schmetterling wäre. Auch ich selbst will nach dem Tod kein Flügelwesen werden. Mein Wünschen ist naiver und unbescheidener, wenn ich an ein Weiterleben nach dem Tod denke: Ich will mich wiedererkennen können, ich selber bleiben – nur ohne Schmerzen. Wen will ich sehen? Keinen Schmetterling, sondern unser Kind, das wäre nicht das Schlechteste. Meine Tochter in menschlicher Gestalt und nicht als buntes Flattertier.

Auf der Geburtsanzeige und dem Holzkreuz am Grab unserer Tochter ist nun aber ausgerechnet ein Schmetterling platziert. Gab es eine zoologisch-ästhetische Geschmackswende in meinem Leben, da ich der symbolhaften Aufladung dieses leichtgewichtigen Tieres doch skeptisch gegenüberstehe? Tatsächlich hat sich etwas verändert, mag am Grab auch kein bunter Schmetterling zu sehen sein. Stattdessen zeigt er sich auf dem Holzkreuz skizzenhaft. Er schwebt nicht traumverloren durch die Lüfte, sondern scheint im Abflug begriffen, hat Kontakt zur Erde: Es ist genau der Moment, da das Tier sich dank einer extremen Energieverdichtung der Leichtigkeit überlässt. So müssen sich Gleitschirmflieger fühlen, wenn sie den Abhang hinunterrennen: Der Wind greift in ihren Schirm – und dann! Sie verlieren den Boden unter ihren Füßen, was aber nicht erschreckt, weil sie nicht ins Nichts stürzen, sondern emporgehoben und getragen werden. Und die Schwerkraft der Erde hat Ferien.

Davon erzählt auch der schwerelose Moment, der den Sommer beginnen ließ. „Dürfen wir in kurzen Hosen spielen?“, fragten wir als Kinder – jedes Mal wieder hoffend, dass der Augenblick gekommen sei. „Noch nicht“, hieß es dann immer. Bis das unglaubliche, dieses eine Wort dann doch gesprochen wurde, das den Anbruch des Sommers und des Himmelreichs verkörperte: „Ja.“

Das ist lange her. Und doch auch wieder nicht so lange, als dass ich den schmetterlingsstarken Hauch der Leichtigkeit nicht auch als Erwachsener spüren könnte. Ich habe ihn am 6. Oktober 2010 erlebt, dem Geburtstag meiner Tochter. Als wir extrem früh am Morgen, im Dunkeln, in der Frauenklinik in Aschaffenburg angekommen sind, der Herzschlag aber nicht zu finden ist, fragt die Ärztin: „Kaiserschnitt?“ So könnten wir in zwei Stunden schon wieder zu Hause sein. Wir überlegen nicht lange. Acht Jahre haben wir auf ein Kind gewartet. Da waren zwei Schwangerschaften, Fehlgeburten. Wir suchten in einem Kinderwunschzentrum Hilfe: Das nahm mehr als einige Stunden in Anspruch. Es war eine sich über viele Monate hinziehende Gratwanderung zwischen Euphorie und tiefer Enttäuschung. Und da wir es kaum mehr für möglich halten, wird meine Frau doch noch einmal schwanger. Und diesmal wächst das Kind neun Monate im Bauch heran. Nein, nach all dem wäre es dann doch ein wenig zu abrupt, in zwei Stunden wieder zu Hause zu sein.

So hören die Wehen nicht gleich wieder auf. Und eine Stunde nach Ankunft ziehen wir in einen der vielleicht schönsten Räume, in denen man ein Kind bekommen kann. Die Dunkelheit verschwand, der Tag brach an, ein Sonnenrausch begann. Und wir warteten – worauf? Auf ein Kind. Wir schauten auf den Main, wo Schiffe und am Ufer Spaziergänger vorbeiglitten. Und über das Wasser hinaus zum anderen Ufer, wo elegantgelassen Hügel den Flusslauf begleiteten. Wir sahen nicht völlig klar, sondern in eine weiche Diesigkeit. Nichts drückt draußen, schien uns, die wir Zuschauer eines Sommertages waren. Dabei war es ein Tag im

Herbst, an dem man jedoch im T-Shirt auf Caféterrassen sitzen konnte – zum letzten Mal. Aber es war für uns ja nicht das letzte Mal, sondern ein Tag, der zum Anfang werden sollte. Die Geburt! Nur wussten wir inmitten dieses Schauspiels: Der Anfang ist das Ende. Und ich rätselte: Wer ist das nur in diesem Bauch?

„Bislang fanden alle Eltern ihr Kind schön“, ermunterte die Hebamme uns, Julianes Gesichtspremiere nicht zu trübe entgegenzublicken. Selbst wenn ein Kind nicht den üblichen Maßstäben der Ästhetik entsprechen sollte, betrachteten es Mama und Papa dennoch liebevoll, meinte sie. Das überzeugte mich, weil sich auch an lebenden Babys beobachten lässt, wie verzückt Eltern ihre Kinder anhimmeln, die mit ein wenig Abstand betrachtet nicht nur hübsch zu nennen sind. „Früher hat man tote Kinder den Eltern sofort weggenommen“, informierte uns die Geburtshelferin. Später sei der Mutter dann in ihren Träumen mitunter einem Monster begegnet – ihrem eigenen Kind! Dann sei es zu spät, dieses Traumgebilde dank der erfreulichen Realität des tatsächlichen Kindes zum Verschwinden zu bringen.

So wurde uns in der leichten Sommerstimmung ganz nebenbei auch klar, dass wir nicht die einzigen Eltern sind, deren Kinder überraschende Wege gehen. Vor uns musste es schon andere gegeben haben. Natürlich denkt man: Das war früher! Man weiß aus Erzählungen, dass einst viele Kinder sehr früh starben. Das war traurig, zog aber in vielen Fällen wie etwa bei

Johann Sebastian Bach große Werke nach sich. Denn sie verwandelten den tiefen Schmerz in eine noch tiefere Trauer- und Trostmusik. Wer das hört, ist betroffen und freut sich doch, weil der Tod des Kindes wenigstens noch einen Sinn gehabt hat, den wir noch heute vernehmen können. Aber nicht jeder Vater, der damals trauerte, hieß Johann Sebastian Bach. Wobei sich ohnehin fragen lässt, ob er sich statt für das Komponieren großer Trauermusik nicht lieber für das Leben des Kindes entschieden hätte, wenn er hätte entscheiden dürfen. Und auch ein frommer Dichter wie Paul Gerhardt, von dem viele schöne Worte stammen, konnte beim Tod seines ersten Kindes nichts anderes sagen als: „Böse und kurz ist die Zeit meines Lebens." Dieses Bibelwort brachte er mit seiner Frau als Tafel in der Kirche in Lübben an. Weiter nichts. Wie entlastend, dass ein allgemein anerkannter Pfarrer und Dichter nicht krampfhaft die Kurve zum Positiven postulierte. Nein, er ritzte nicht darunter: „Aber schön ist das Leben manchmal doch." Werden seine Lieder auch deshalb heute noch gesungen? Sie bezeugen eine große Hoffnung, bekennen aber auch, dass einen die Hoffnungslosigkeit finden kann.

All das aber war früher, denkt man. Dass jede zweite Totgeburt auf keinen Grund zurückzuführen ist und sie deshalb innerhalb der Gynäkologie zu den großen Unerklärbarkeiten zählt, wusste ich im Kreißsaal nicht. Auch in Büchern zur Vorbereitung auf die Geburt ist davon nicht die Rede. Manchmal hört man davon, aber ich war mir sicher: Das ist selten und ich werde gern zur breiten Masse zählen. So tat ich ab, dass es auch anders kommen kann. Und reagierte damit vielleicht auch nur menschlich: als jemand, der nicht ganz sicher sein konnte, sich aber lieber freuen wollte. Indem ich die Möglichkeit einer Totgeburt ausblendete, verhielt ich mich vermutlich wie jene, die mich mit dem Nicht-Beachten meiner Tochter jetzt verblüffen. „Das ist Unsicherheit und Scheu!", heißt es, wenn ich staune, dass mein Erzählen-Wollen übergangen, unterbrochen oder manchmal schlicht abgewürgt wird. Ich müsse Verständnis haben für jene, die die Straßenseite wechseln und nun nicht mehr grüßen können, bekomme ich zuweilen gesagt. Nicht sie, sondern ich habe dann zu helfen, müsse auf die von meinem Schicksal offenbar schwer geschlagenen Menschen zugehen, weil sie sich überfordert fühlen. Warum aber sind sie eigentlich überfordert? Weil ihr Kind lebt, was die Angst erzeugt, dass es einmal nicht mehr leben könnte?

Ich möchte also denen helfen, die es schwer mit der Angst erzeugenden Tatsache haben, dass ein Kind nicht lebt. So gehe ich auf sie zu. Manchmal aber, wenn ich vorsichtig und einfühlsam helfen will, bemerke ich, wie Gesichter mit einem Mal leblos wirken. Flucht! Am Ende steht oft die Flucht, wenn ich auf Menschen zugehe, die es schwer mit meiner Tochter haben. Viele sind spätestens dann verschreckt, wenn ich sage: „Auch nach einem Jahr tut es noch weh." Und der Schmerz sei keine Frage des Wollens, es sei denn, ich brächte mich dazu, Julianes Bild in mir zu löschen.

Dieses Vermeidungsverhalten gibt es auch gegenüber Krebskranken oder Behinderten. Es liegt oft in einer irrationalen Angst vor Ansteckung begründet, hat also nichts direkt mit mir zu tun. Ich habe damit zu leben. Aber wenn wieder einmal mit moralischem Unterton die Debatte aufgewärmt wird, warum eigentlich die karrieregeilen Frauen keine Kinder ins deutsche Land setzen wollen, dann allerdings dank Ehegattensplitting auch noch Steuererleichterungen einstreichen und sich privaten Vergnügungen hingeben, die auf Kosten der wenigen Aufrechten gehen, die allein das harte Los der Familienarbeit tragen müssen, dann – ja, was dann? Dann fällt es mir doch ein klein wenig schwer, mit der mir nachgesagten Sensitivität inklusive Empathie auf die Zeugungs-, Gebär- und Familien-Forderer zuzugehen, sie in den Arm zu nehmen und sie – aber nur ganz vorsichtig! – damit vertraut zu machen, dass sich im deutschen Lande und im Leben überhaupt nicht alles über das Fordern regeln lässt.

Zurück in die Aschaffenburger Frauenklinik, wo wir kombinierten, dass unsere Situation nicht einzigartig war. Die Hebamme musste auch nicht erst eine Adresse heraussuchen, an die wir uns später wenden könnten. Die Sternenkinder-Mappe mit Anregungen, Tipps, Hinweisen und einem selbst gehäkelten Baby-Püppchen

(Augen geschlossen) lag bereit. Man war auf diese seltene, aber durchaus mögliche Geburt gefasst. Nicht aber ich! Auch wenn bis zur Entbindung noch viele Stunden blieben. „Fotografieren kannst du auch", sagte die Geburtshelferin, womit sie einen in mir ruhenden Wunsch ans Tageslicht brachte, den ich nicht anzusprechen gewagt hätte. Einen Toten fotografieren? Das kennt man nur aus Krimis. So wäre auch das umsonst gewesen, hatte ich gedacht: Dass ich die Akkus im Fotoapparat stets geladen gehalten hatte. Jetzt war ich erleichtert: Wenigstens ein Bild, das hätte ich doch sehr gern, falls ich meine Tochter, dieses unbekannte Wesen, gern anschauen würde.

Und wieder schauten wir aus dem Fenster hinaus und hinein in diesen langen Tag, der sich entschieden zu haben schien, mit seiner Heiterkeit kein Ende nehmen zu wollen. Wir sahen in der Sonnenstimmung künftige Tage, die auch uns wieder durch die Leichtigkeit gehen ließen – ohne sie. Wo war sie eigentlich, unsere Tochter, die auskunftslos hinweggeglitten war? Hatte nicht einmal „Auf Wiedersehen" gesagt. Das wäre allerdings unlogisch gewesen, weil sie uns kein einziges Mal gesehen hatte. Es wäre überdies sehr überraschend gewesen, weil eine Neugeborene in der Regel nicht sprechen kann. Wenige Tage vor der Geburt hatte sie sich mit den Füßen zum Tor zur Welt befunden, drehte sich dann aber doch noch um – wie es die Regel ist. So störrisch war sie also auch wieder nicht. Dann aber drehte sie sich – oder wie soll man das nur sagen? – in eine völlig andere Richtung. Sie flog davon.

So war das an diesem Herbsttag, der der Sommer war, am 6. Oktober 2010 in Aschaffenburg, das man auch das bayerische Nizza nennt. Schmetterlinge begleiteten uns. Einer saß und flatterte vor unserm Fenster auf und ab, er flatterte jedoch nicht los. Als wollte er und mit ihm dieser Tag bei uns bleiben – für immer. Wie werden wir das Leben ohne unser Kind verbringen? Darüber sprachen wir zwischen den Wehen. Zu klären etwa war: Was steht in der Todesanzeige? Wir wurden unsicher: Sollen wir nicht eher eine Geburtsanzeige verschicken? Was war das nur, was hier geschah? Währenddessen tanzte ständig dieser Schmetterling vor dem Fenster, welch ein An- und Ausblick! Er zitterte auf ungeheuer souveräne Weise in der Luft. Auch in mir war eine eigenartig große ruhige Sicherheit, mochte mir zuweilen auch zittrig zumute sein. Aber worin bestand denn diese Sicherheit genau? Dass von alters her und für immer gar nichts sicher ist. Und all jene, die mehr Sicherheit fordern, werden extrem unsicher, wenn jemand mit flatterhafter Sicherheit rät, besser nichts für sicher zu halten. Denn im Leben gibt es keine Sicherheit.

Was aber dann? Trost ist möglich. Ihn wünsche ich mir. Er kommt, geht fort, kommt wieder und läuft oft gerade dann zur Hochform auf, wenn die geforderte Rundum-Sicherheit am Ende ist. Juliane ist kein

Schmetterling, das will ich nicht glauben. Sie ist auch keine Seele, die in ein Tier verwandelt wurde. Schmetterling bleibt Schmetterling. Und doch war da an diesem Tag etwas oder jemand – nur für uns gedacht: ein Trost, der die Gnade hatte, lebendig zu sein. So sitzt auf der Karte, die wir verschickten, die Leichtigkeit: Es ist ein Schmetterling – ungezügelt frei und nie ganz verschwunden.

Schmetterlingsgarten

Einmal, als wir noch ohne Juliane spazieren gingen, stießen wir auf einen Garten, der dem Unfassbaren gewidmet war. Er war so angelegt, dass er das Schwebende vor die Augen des Besuchers locken wollte: ein Schmetterlingsgarten, am unterfränkischen Rotweinweg gelegen, unweit von Miltenberg. Dort wuchsen Pflanzen, zu denen flirrende Falter gerne kommen. Der Garten war umzäunt, aber kein Käfig, sondern zum Himmel offen. Und wirklich: Als wir ihn betraten, umschwirrten uns die federleichten Lufthüpfer. Schmetterlinge seien nicht zu unterschätzen, lasen wir auf einer Tafel. Admiral, Distelfalter oder Heufalter können mehrere hundert Kilometer zurücklegen und sogar Hochgebirge wie Alpen oder Anden überqueren.

Nachdem Juliane uns besucht hatte, gingen wir wieder zu diesem Garten. Es gab ihn allerdings nicht mehr.

Das Geviert war jetzt für Bienen gedacht. Vielleicht weil es unmöglich ist, Schmetterlingen Wohnung zu geben, selbst wenn diese zum Himmel offen ist? Dank ihrer Schuppen sind sie rutschig wie ein Stück Seife, manche wirken durchsichtig und können bei Lichtbrechung in allen Farben schillern. Haustiere sind es nicht.

Schmetterlingstango

Kein einziges Mal hat Juliane meine Hand ergriffen. Dank ihr jedoch kann ich sehen, wofür ich vorher keine Augen hatte. Wenn meine Frau und ich spazieren gehen, hüpfen manchmal Schmetterlinge mit uns mit. Sie können nicht nur Alpen überqueren, sondern auch unsere Geschwindigkeit wählen. Wobei es ihnen zu langweilig zu sein scheint, das Gleichmäßige unseres Gehtempos zu übernehmen. Sie springen vom Boden oder von Blüten ab. Und auch in der Luft können sie sehr sprunghaft sein, beschleunigen und stoppen abrupt, und das alles ohne Bremsen, Quietschen oder sonstigem Lärm. Es ist, als ob sich ein unsichtbares Trampolin in der Luft befindet, dessen Lage mit jedem dieser Hüpfer weiterwandert. Unregelmäßig sind die Luftsprünge, wie bei einem Tango, dem verwirrend leidenschaftliche Richtungsänderungen eigen sind. Was ist das Wichtigste an einem Tango? Er lässt sich nicht alleine tanzen.

Kindermundklein

Über die Labilität und Ohnmachtsanfälle des sogenannten starken Geschlechts im Kreißsaal sind viele Legenden im Umlauf. Ich müsse keine Bedenken haben, klärt mich kurz vor Julianes Geburt mein einstiger Sitznachbar aus Schulzeiten auf, der einige Tage vor mir Vater geworden ist. „Väter kippen deshalb um, weil sie nichts gegessen haben. Du musst einfach genug zu essen mitnehmen.“ Womöglich befinde ich mich in einer Klinik mit kulinarischen Sonderregeln? Oder es liegt daran, dass meine Frau als Pfarrerin privat versichert ist: Auch der Vater bekommt zu essen.

Zum Frühstück kam nicht ein Tablett, es waren zwei. Das wiederholte sich am Mittag und am Abend – da waren wir bereits zu dritt. Es waren aber noch immer zwei Tabletts, was natürlich ist: Ein frisch geborenes Kind kann noch nicht im üblichen Sinne essen. So begrüßte ich am Morgen des anbrechenden Geburtstags mein Frühstückstablett, aß tüchtig. Es gibt Situationen im Leben, die einem den Appetit verderben. Manchmal aber kommt gerade dann der Hunger, wenn man es für unmöglich hält. So erging es einem König in Israel, von dem das Alte Testament erzählt. Tagelang fastet David. Da lebt sein Kind, ist aber krank. Er bittet Gott: Lass es nicht sterben! Das Kind stirbt. Und der König fängt zu essen an. Mir wurde beim Frühstück nicht übel: Brötchen, Butter, Marmelade! Auch die Mutter aß alles auf. Fast. Als ihr Tablett mitgenommen wurde, sagte sie: Moment! Und legte eine kindermundkleine Brötchenecke auf den Teller zurück.

Grenzüberschreitung

Summarisch betrachtet dürfte der Verlust eines still geborenen Kindes nicht sonderlich bedrücken, denke ich manchmal. Etwas mehr als neun Monate war meine Frau schwanger. Keinen einzigen Tag erblickte unsere Tochter das Licht der Welt, allenfalls gedämpft drang es zu ihr durch die Bauchdecke. Zwar erinnern wir uns an die Schwangerschaft, aber wir lebten nicht sichtbar zu dritt. Wieso also tut es auch zwei Jahre danach noch weh? So überlege nicht nur ich. Auch andere kommen auf diesen Gedanken und fragen mich: „Jetzt ist es vermutlich schon etwas besser, du hast hoffentlich einen *Modus* gefunden, damit umzugehen. Wenigstens du!" Ja, was ist mit mir, dass ich unterdessen einen anderen Modus eingeschaltet haben könnte? Antwort: Ich sei der Vater und damit nicht schwanger gewesen.

Mein Kopf findet noch weitere Gründe dafür, dass der Schmerz sich langsam verflüchtigen könnte. Juliane und wir – das sei doch alles nicht so schlimm, überlege ich: Verliert man ein zehnjähriges Kind, dann hat man zehn Jahre miteinander gelebt. Stirbt der Partner, gehen Mutter oder Vater, hat man oft noch mehr Jahre zusammen verbracht. Am längsten kennt man nicht selten die Geschwister. Und dennoch sagen Eltern, die ein Kind während der Schwangerschaft oder bei der Geburt verloren haben, auch Jahre später noch: „Die Zeit heilt alle Wunden? Das ist Quatsch."

Vielleicht hat die Trauer deshalb einen langen Atem, weil das Leben exakt im Augenblick des Anfangs endete? Die Erinnerungen an meine Tochter trösten mich. Doch so wertvoll sie auch sind, sie reichen nicht. Indem ich sie sammle, wächst meine Tochter mir nur noch mehr ans Herz. Das freut mich, macht den Verlust aber nicht gerade leichter. Sie kann mich augenblicklich beruhigen, dann bin ich ihr nahe. Gleich aber tut es wieder weh. Denn ich bekomme nicht wirklich Antwort, wenn ich nach ihr rufe.

Was können Trauernde gegen den Schmerz tun? Sollen sie einem Diätplan folgen, der den schmerzhaften Genuss der Erinnerungen abtrainieren lässt? Ich glaube an das Gegenteil: Ich spinne die Erinnerungen fort, bis sie die Kraft entwickeln, die Grenzen der Realität zu überschreiten.

15. September 2012

Liebe Juliane,
ich schreibe Dir, weil Du bereits längere Zeit unterwegs bist, in Ferien, auf Welttournee, Forschungsexpedition

oder wohin auch immer, du Reiselustige. Bekommst Du, wo Du gerade bist, genug zu essen? Papa

Lieber Papa,
hier gibt es alle meine Lieblingsspeisen. Heute habe ich Brötchen gegessen mit Butter und Heidelbeermarmelade. Die Beeren finde ich im Wald. Bin bald zurück! Oder kommst Du nach? Grüße Mama! Juliane

Gebot

Warum wird eigentlich oft so viel vom Essen geredet? Auch der Religionsgründer Jesus von Nazareth tat es, wobei Forscher anmerken, dass er nicht wirklich eine Religion gegründet hat. Sondern? Jesus war nicht interessiert an Gründung und Entwicklung eines Systems oder einer Institution. Er glaubte vielmehr, dass die Zeit sich jeden Augenblick erfüllen könnte, sich bereits erfüllt hätte, denn das Himmelreich sei im Begriff anzufangen – jetzt, im Augenblick. Woran lässt sich das erkennen? Indem man am Tisch sitzt und mit anderen isst, sagte Jesus. Er erzählte nicht nur davon, sondern tat es auch, am liebsten beides zugleich: essen und erzählen.

Als näherrückte, was theologisch als Heilsereignisse bezeichnet wird (Passion, Kreuzigung, Auferstehung), wollte Jesus, der nach Vorstellung der Gläubigen Heilung brachte, schon wieder essen und trinken. Wie entscheidend das war, belegen Wortfelduntersuchungen, eine moderne Methode der Bibelwissenschaft. Aber auch ein unvoreingenommener Leser von Jesu Evangelien erkennt: Häufig ist von Teig, Brot, Fisch und Wein die Rede – von Weinbergen, Ähren, Lammfleisch und Feigen. Damit ist allenfalls eine vorspeisengroße Menge der Köstlichkeiten genannt, die in den Evangelien eine Rolle spielen. Aber was geschah denn nun genau am Tisch, als die Heilsereignisse nahten? Jesus teilte das Brot. Und es schmeckte gut. Und später, als er gestorben war? Da teilte man schon wieder, nämlich Brot und Fische. Und stets wird es zu trinken gegeben haben. Indem sie das taten, fühlten sich jene, die mit Jesus gern gegessen hatten, nicht allein.

Und weiter wird erzählt, allerdings nicht im Protokollstil: Die Toten sind von nun an nicht mehr abgeschoben. Das zeigte sich, als Jesus, der doch eigentlich gestorben war, gar nicht mehr leblos war, sondern mit einem Mal mitten unter ihnen. Die Überraschung war so groß, dass es viele gar nicht glauben konnten. Jesus aber bewies, dass er es wirklich war: Er teilte das Brot und kam denen nahe, die unter seinem Fehlen gelitten hatten. Später kamen viele Forscher, die diese Texte für Zeitgenossen erklärten. Und sie gingen wieder. Geblieben sind die alten Geschichten. So brachte Jesus, in dessen Namen manchmal asketische Meisterleistungen absolviert werden, ein Gebot in Umlauf, das auf befreiende Weise gewöhnlich war: Esst! Und vergesst gefälligst auch das Trinken nicht.

Leibspeisen

Ob Juliane Heidelbeeren mag, kann niemand wissen, auch wenn sie es mir geschrieben hat, wie der oben zitierte Brief belegt. Vielleicht ist der Wunsch Vater des Gedankens? Ich kann mir nämlich gut vorstellen, mit ihr Heidelbeerkuchen zu essen. Natürlich weiß ich, dass man sein Kind zu nichts zwingen soll, auch nicht zur Lust auf Kuchen, die dann keine Lust mehr wäre. Es gibt schon genug Eltern, die ihre Töchter bedingungslos Tennis oder Geige spielen lassen, bis diese den Bogen oder Schläger fallen lassen. Eigentlich haben sie Spaß an Fußball oder mit dem Kontrabass – oder wollen einfach nur im Baumhaus sitzen, ganz für sich. Und doch! Was mir Juliane über Heidelbeeren schreibt, hat sie sich nicht mir zuliebe ausgedacht. Denn ihr Hunger kommt nicht von ungefähr, sondern aus dem Odenwald.

Kurz nach Ostern, als man sie wieder einmal vergeblich per Ultraschall hatte orten wollte, waren wir in einer Landschaft unterwegs, die nur wenige finden. Ungestört spazierten wir durch den Wald. Die bei Bullau gelegene Gebhardshütte war der Ausgangspunkt. Zum Reusenkreuz wanderten wir, dort machten wir – Jesu Gebot folgen wir sehr gern – Rast. Auf demselben Weg kehrten wir zurück. Dieses Hin und Her geschah nicht nur an einem Tag, sondern an so gut wie jedem, als wir mit Juliane in der Gebhardshütte Urlaub machten. Mochte die Länge des Wegs auch überschaubar sein, bot er doch das Abenteuer, sich durch unüberschaubares und endlos wirkendes Heidelbeergestrüpp zu schlängeln. Es fehlte nur das Blau. Noch waren die Beeren grün.

Auch wenn Juliane niemals Heidelbeeren geschmeckt hat, hat sie doch ihr Wachsen mitbekommen. Nicht unwahrscheinlich, dass sie zu ihren Leibspeisen gehören. Was außerdem? „Ich habe so viele Karotten und Erdbeeren wie noch nie gegessen“, sagt meine Frau und lacht: „Im Mai, den Juni über: fast jeden Tag eine Schale mit Erdbeeren.“ Wir sitzen, da ich nach Julianes kulinarischen Vorlieben frage, in einem italienischen Restaurant. Nudeln mit Spinat isst der eine, Nudeln mit Speck die andere. Und während wir essen, freuen wir uns am guten Geschmack unserer Tochter. Auch einige Tage vor ihrer Geburt, an meinem Geburtstag, saßen wir hier und aßen. Zu zweit. Also zu dritt. Und noch ein wenig später, zwei Tage vor Julianes Geburt, erneut in dieser Konstellation. Daran erinnern wir uns jetzt, fast zwei Jahre danach. „Espresso, Grappa, Amaretto, Ramazotti?“, lautet der Refrain des Kellners am Ende jeden Essens. Damals war er nur an mich gerichtet. Der Mutter aber reichte der Kellner eine winzige Tüte mit Gummibärchen: Beim nächsten Mal sitzt gewiss jemand

Drittes mit am Tisch. Ist es das, was Juliane gerne isst: Erdbeermarmelade, Heidelbeerpfannkuchen, Karottenkuchen? Oder eher Karottensalat? Oder liebt sie Gummibärchen, mochte sie, wird sie einmal mögen? Ist das ein Indikativ, ein Irrealis, Konjunktiv, der Optativ? Wieder einmal kommt der Modus aus dem Tritt. Egal! Beim Essen lebt auf, was auch jenseits der Grammatik existiert.

19. September 2012

Liebe Mama, lieber Papa,
vielen Dank für die große Tüte Gummibärchen. Das war das Erste, was ich nach der Geburt gegessen habe. Natürlich gibt es hier Nudeln, Erdbeeren, Karottensalat, etwas Joghurt dazu und Salz. Nur das mit der Karottenreibe ist mir zu kompliziert. Ich beiße oft einfach so hinein. Das gibt schöne Knack- und Knalleffekte. Auch Vanilleeis, Schlagsahne, Erdbeeren auf Mürbeteigtörtchen, Erdbeercreme in Biskuitrolle – das alles ist hier sehr verbreitet. Löcher? Von Löchern in den Zähnen habe ich noch nie etwas gehört.

Besonders gerne habe ich die Walderdbeeren, das schmeckt himmlisch, also vollkommen normal. Wenn der rote Punkt am Waldboden aufleuchtet, ist das für mich so schön wie Karotten, Erdbeeren und Heidelbeeren zusammen. Wenn man Walderdbeeren isst, hinterlässt das auf dem Briefpapier lustige Spuren, wie ihr sehen könnt ... Eure Juliane

Glaubensbekenntnis

Wenn ich mir den Himmel ausmale, wird alles kinderleicht. Warum wird mir dann wieder schwer zumute? Vielleicht weil viele diese Form der Erleichterung infrage stellen. Auf die Anzeige von Julianes Kommen und Flattern erhalten wir viel Post. Einige schreiben: „Es tut uns leid.“ Und diese Worte sind schön. Manche wünschen uns, wofür wir nicht selber sorgen müssen: „Möge Gott Euch die Kraft geben, das Unfassbare und Schmerzvolle zu tragen.“ Manche schreiben von einem wunderbaren Schutz, den Juliane jetzt erführe. Und auch die Eltern würde Gott nicht vergessen: „Das geknickte Rohr wird er nicht zerbrechen und den glimmenden Docht wird er nicht auslöschen.“ Das ist kurz, prägnant, tröstlich.

Aber wir sind auch Adressaten eng beschriebener Seiten im Seminararbeitsstil, die das Problem der Theodizee behandeln, also jener Frage, warum Gott Leid zulasse, obwohl er doch eigentlich gütig und gerecht sein müsse. Erwarten die Absender eine gute Zensur von uns? Gewiss bestehe jetzt alles nur noch aus Fragen, lesen wir: Das sei nicht anders zu erwarten. So sei auch nicht verwunderlich, wenn wir an Gott verzweifeln würden. Das waren Theologen, die so schrieben: „Wenn Du jetzt Gott leugnest, dann hätte ich dafür viel Verständnis!“ Fast schienen sie darum zu betteln, dass wir Gott den letzten und entscheidenden Fußtritt versetzten. Diese Briefe glichen vorweggenommenen Absolutionen unseres zu erwartenden Glaubensabfalls. Und wir seien nicht die Einzigen. Gott habe nämlich seine Allmacht spätestens in Auschwitz verloren, als er dort zu Tode kam.

Die so schrieben, achteten sonst sehr darauf, dass Auschwitz ein mit nichts anderem in der Welt zu vergleichendes Leid sei. Nun verstießen sie gegen ihre eigene Überzeugung, indem sie als Antwort auf die Geburt unserer Tochter ausgerechnet auf Auschwitz verwiesen. Das machten sie aber wieder wett, indem sie die korrekte theologische Begrifflichkeit verwendeten: Genau genommen schrieben sie nicht Auschwitz, sondern Shoa. Außerdem wurde mir bald klar: Die Absender dieser Briefe sind nicht nur Theologen, sondern auch Eltern, deren Kinder ziemlich lebendig wirken.

Ein als Lehrer arbeitender Pfarrer, Vater dreier Töchter, kam uns nicht mit Auschwitz beziehungsweise der Shoa, rieb sich aber an dem schmetterlingsleichten Hoffnungshinweis unserer Karte: Nein, Juliane könne es nicht gut gehen, antwortete er. Ich versuchte ihm zu erklären, dass es mir hilft, wenn ich meine Tochter ins Himmelreich platziere. Er insistierte: Das sei problematisch. Denn auf der Erde ist es doch schöner! Diesen

Gedanken hätten seine Schüler geäußert, die sich in keiner Weise auf einen wie auch immer gearteten Himmel freuten. Außerdem: Nicht nur wir hätten sicher Sehnsucht nach Juliane, sondern auch sie nach ihren Eltern – oder etwa nicht?

Ich war schockiert, überhaupt darauf hinweisen zu müssen, dass ich einem Leben zu dritt nicht abgeneigt gewesen wäre, mir aber keine Wahl geblieben sei. Vermutlich war sein Trostversuch eher als indirekter Hinweis auf sein Glück zu sehen: dass er sich am Leben seiner Töchter freut, was eben auch die Angst mit sich bringt, dass es im Leben zu Trennungen kommen kann. So kann nicht alles, was gut gemeint ist, auch trösten. Manchmal bewirkt es das Gegenteil. Dann gilt: Abstand halten! Denn Aufgabe von Trauernden ist es nicht, denen zu helfen, die auf den Verlust anderer hilflos reagieren. Es bleibt dabei: Was einen tröstet, darf jeder selbst bestimmen. So platziere ich Juliane weiter in den Himmel. Viele Theologen, die den Glauben modernisieren wollen, haben den Himmel abgeschafft oder ins irdische Leben integriert. Sollen sie damit zufrieden sein. Nur finde ich Juliane nicht in diesem irdischen Himmel, wenigstens nicht so, wie ich sie gern hätte. Deshalb lasse ich es mir nicht nehmen: Ich war, bin und werde glücklich sein, wenn ich mich in Geschichten träume, die unbeweisbar sind. Denn mein Glück ist, dass das Glück des Himmels nicht beweisbar ist. Das ist die rational getroffene Entscheidung eines Vaters, der bekennt:

Ich glaube an Gott, den Schöpfer des Himmels und der Erde, der viel zu groß ist, als dass er sich allein in Kleinfamilien realisieren würde.
Ich glaube an Gott, den Vater,
der Karotten, Heidelbeeren und Marmelade nicht erschaffen hat, damit man ihren Geschmack anderen madig machen müsste.

Ich glaube an Jesus, der auch Christus ist,
der von der Qual erlöst,
im Himmel und auf Erden alles mit dem Verstand erfassen zu müssen.
Er war Kind, wie ich Kind war, er hatte keine Kinder,
in seiner Nähe hat Juliane keinen Kummer.

Ich glaube an den Heiligen Geist,
an die heilige christliche Kirche,
die die Hoffnung aufs Himmelreich nicht begräbt,
nur um dadurch hübsch, modern und berechenbar zu wirken.
Ich glaube an den Geschmack wild gewachsener Heidelbeeren, selbst wenn sie heute fast niemand pflückt, geschweige denn dass sie ins offizielle Glaubensbekenntnis aufgenommen würden.
Ich glaube an die Auferstehung der Toten,
dass das Leben ewig ist und Juliane Hunger hat wie ich.
Amen.

Heidelbeerpfannkuchen

Als ich Kind war, hatte ich Hunger, wie ihn nur ein Kind haben kann. Wenn es Pfannkuchen gab, hörte ich erst dann zu essen auf, wenn es nicht mehr anders ging. So übertraf ich meine älteren Brüder – nicht an Kraft, aber doch an Hunger und der Zahl der mir einverleibten Pfannkuchen. Niemals wurde mir schlecht. Und als ich Kind war und Heidelbeeren pflückte, wie es nur ein Kind kann, wollte ich kaum nach Hause, sondern für immer bei den Heidelbeeren bleiben. Die Hände waren blaurot. Und die Ernte war groß – trotz der kleinen Beerengröße. Und als meine Frau und ich auf Hochzeitsreise waren und ich noch immer Hunger hatte wie ein Kind und unsere Sehnsucht nach einem Kind längst begonnen hatte, waren wir im Wald, es war der Bayerische. Dort begaben wir uns unter Wölfe, besuchten nämlich den Tierpark in Lohberghütte, der zwischen den Bergen Osser und Arber gelegen ist. Jenseits des Tierparks sollten sogar längst auch schon wieder Luchse ihrer freien Wege geben. Noch unglaublicher jedoch war: Nur wenige Meter vom Wolfsgehege lag ein Café, an dessen Eingangstür eine mit Kreide bemalte Tafel stand: „Heidelbeer-Pfannkuchen“. Die Beeren waren von der Wirtin im Wald gepflückt, hörten wir. Und dieser Kuchen schmeckte so, dass die Erinnerung daran mich sicher macht: Diesen Kinderhunger gibt es immer noch.

„Halten Sie zehn Euro bereit!"

„Wo wollt ihr sie begraben?“, fragt die Hebamme, als die Wehen einmal Pause machen und wir noch nicht wissen, welches Gesicht das Kind hat, das in paar Tagen in der Erde zu verschwinden hat. Denn bringt ein nicht lebendes Kind mehr als 499 Gramm auf die Waage, gilt die Bestattungspflicht. Selbst wenn wir es gewollt hätten, hätten wir nicht so tun können, als ob es dieses mehr als drei Kilogramm wiegende Wesen nicht gegeben hätte. „Auf dem Waldfriedhof in Aschaffenburg gibt es ein Grabfeld für nicht lebend geborene Kinder“, erklärt uns die Hebamme. Rasch freunden wir uns damit an: ein Unterschlupf im Wald, dazu in einem Bundesland, das Odenwald, Spessart und den – sonst würde er nicht so heißen – Bayerischen Wald umfasst? Warum nicht.

Erfahrung damit, ein Kind zu begraben, haben wir noch nicht gesammelt. Schon der Kauf von Kinderbett, Kinderwagen, Kindersitz ist für uns neu gewesen. Ein Kind einfach so begraben, lerne ich rasch, geht nicht. Man benötigt eine Bescheinigung: dass es da ein Kind gibt beziehungsweise gegeben hat. Ich rufe beim Standesamt an. „Gestern ist meine Tochter geboren worden, die nicht lebt“, erkläre ich. „Wie kann ich eine Sterbeurkunde bekommen?“ Was ich wolle, gebe es nicht, sagt die Sachbearbeiterin. Ich solle einmal logisch denken. Also: Gelebt habe meine Tochter nicht. Folglich könne sie – na, dämmert es? – auch nicht gestorben sein: „Eine Sterbeurkunde erhalten Sie nicht."

Ich habe demnach, versuche ich zu folgern, die amtlich erlassene Pflicht, ein mehr als 499 Gramm schweres Objekt zu begraben, auch wenn es nicht gestorben ist, weil es nämlich nie lebendig war. Während ich mich in die Logik der Standesbeamtin eindenke, strampelt kurz der Gedanke dazwischen: Habe ich aber nicht den Herzschlag dieses Wesens gehört, das niemals gelebt hat? Ich rufe mich zur Ordnung und gestehe meine Unkundigkeit in Bezug auf die passende Urkunde ein: „Aber eine Bescheinigung muss es doch geben?" Jetzt übernimmt die Beamtin die Gesprächsführung, um Klarheit in den Nebel zu bringen. Sie stellt Fragen, die ich mit nichts anderem als ja oder nein zu beantworten habe. Nachdem ich die Prozedur durchlaufen habe, ist sonnenklar: „Wir können eine Bescheinigung über ein tot geborenes Kind ausstellen." Denn: Tot kann ein Kind sein, auch wenn es nicht gestorben ist. „Halten Sie zehn Euro bereit!", verabschiedet sich die Logiklehrerin.

Zu vereinbarten Stunde am 8. Oktober 2010 sind wir im Standesamt Aschaffenburg, pünktlich. Wir? Auch Julianes Mutter ist dabei. Das Telefonat, von dem ich ihr berichtet habe, hat sie zum Lachen gebracht und ihre Neugier beflügelt. Halt! Eben bin ich wohl in meine offenkundige Logikschwäche zurückgefallen. Denn wenn es eine tote zu Beurkundende gibt, die gleichwohl nie gelebt hat und nie verstorben ist, worum handelt es sich dann eigentlich bei meiner Begleiterin? Ist sie schlicht Mutter oder dürfte ich amtlich präzise gar nicht von Mutter sprechen, da ihr Kind nie gelebt hat und folglich auch nie gestorben ist? „Ich habe die zehn Euro dabei!“, eröffne ich das Gespräch. Die Herrin über die Urkunden grüßt freundlich – auch meine Frau, die ich besser nicht als Mutter vorstelle. Doch ehe ich das Dokument erringen und die Gebühr entrichten kann, ist noch ein Formular auszufüllen. Als Antworten auf die Fragen stehen zur Auswahl ja oder nein, das kenne ich bereits. „Wollen Sie, dass die Geburt in der Regionalpresse angezeigt wird?“ Ich bejahe. Das empfehle sie nicht! Sagt meine Lehrerin beim Überfliegen des ausgefüllten Formulars. „Dann bekommen Sie Glückwünsche.“ Folgsam wechsle ich auf Nein.

So wünschte uns niemand Glück. Vielleicht war das auch nicht nötig, da – so glaube ich – mein Kind nun alle nur möglichen Glückzustände kennt. Andererseits bekamen dank dieser Antwortkorrektur Juliane und ihre Eltern in der regionalen Tageszeitung keine Zeile ab. Und auch in der Kirchengemeinde, in der meine Frau Pfarrerin ist, fand man keine Rubrik für dieses Kind. Selbst am Ewigkeitssonntag war für Juliane kein Platz. Ewigkeitssonntag? So wird innerhalb der evangelischen Tradition der Sonntag vor dem 1. Advent genannt. An ihm wird der Verstorbenen gedacht, im Gottesdienst werden die Toten des letzten Jahres genannt. In vielen Gemeinden ist es Brauch, bei der Namensnennung eine Kerze anzuzünden, ein Symbol für die Ewigkeit: Das Licht des Lebens wird nicht verlöschen. „Irgendwie ist sie vergessen worden“, bedauerte die Kollegin, womit sie das Recht auf ihrer Seite hatte: Schließlich war Juliane kein Mitglied der Kirche.

Allerdings hatte jemand aus der Gemeinde nach dem Gottesdienst gefragt, warum Juliane kein Name für den Ewigkeitssonntag sei. So war sie doch nicht ganz vergessen worden, auch wenn sie laut Standesamt Aschaffenburg und der Evangelischen Kirchengemeinde Seligenstadt und Mainhausen niemals existierte. Zumindest offiziell war Juliane kein Fall für die Ewigkeit. Oder war Juliane überhaupt kein *Fall?* Was sie war, lässt sich offensichtlich nur schwer in Kategorien fassen. Und das Abwehrverhalten gegenüber Kindern wie diesem ist kein böser Wille, sondern entspringt vermutlich der Ohnmacht. Einen Menschen zu übersehen, der mehr war als nur ein Nichts – dem könnte der Wunsch zugrunde liegen, eigene Wunden ignorieren und aus der Welt drängen zu können. Deshalb verhalten sich viele genau dann besonders regelkundig, wenn das Leben sich an keine Regel hält. Ob das trösten kann? Das Licht einer Kerze leuchtet mir eher ein.

Zurück zum Waldfriedhof, auf dem wir dank unserer Juliane-ist-nicht-gestorben-Urkunde unterdessen einen Platz suchten. Wir hatten uns bereits für das Grabmal der tot geborenen Kinder entschieden, denn da wäre sie schon mal nicht allein. „Geht nicht“, sagt ein Friedhofsmitarbeiter. Laut Friedhofsordnung passe sie dort nicht hin. Aber unser Kind sei doch, ich mache eine kurze Pause, um mich regelkundig auszudrücken, ein *tot geborenes Kind.* Warum dürfe es dann nicht zu den anderen Kindern? Nur diejenigen, die 50 oder weniger Zentimeter messen, haben dort ein Liegerecht. Wir willigen ein, denn auf keinen der 54 Zentimeter unserer Erdbeerliebhaberin wollen wir verzichten.

Also weiter zum Gräberfeld, wo Kinder liegen, die lebend geboren wurden und dann – anders als unser Kind – amtlich abgesichert gestorben sind, was nicht nur eine, sondern zwei Urkunden zur Folge hat: eine Geburts- und eine Sterbeurkunde. Dorthin dürfe nun – Logik der Unlogik – unser Kind. Wir prüfen den Platz und merken: Man hört die Vögel des Walds nicht mehr. In wenigen Metern Entfernung donnern Lastwagen über die Bundesstraße nach Aschaffenburg. Wir befinden uns auf dem Friedhof, aber nicht in Frieden: Das kann doch kein Platz für Juliane sein! Denn sie, die geboren ist, aber nie in dem Sinn gelebt hat, dass sie hätte sterben können, folglich auch nicht gestorben ist, für das Gräberfeld der tot geborenen Kinder aber trotz ihres Niemalslebens kurioserweise wieder viel zu groß geworden ist – sie also hat während ihrer Lebenszeit, die amtlich betrachtet kein Leben war, die Geräusche von Lastern gehasst. Wir denken auch an die Beerdigung in einigen Tagen: das Vaterunser – von LKW-Donnern am Grab zerrissen? Der Segen – überfahren von Autolärm?

Im Namen unserer Tochter erheben wir die Stimme, was auch nötig ist bei diesem Lastergrollen: „Unser Kind will kein Leben an der Straße führen!" Wir gehen fort. Zwei Tage später kommen wir wieder. Da geschieht, was wider die Regel ist: „Ah ja, ihr seid das, die Eltern, es sieht euch ähnlich!" Das Kind sei willkommen, sagt der Friedhofsarbeiter. Es sei ja längst schon da, im Kühlraum habe er es gesehen. Es dürfe liegen, wo es wolle. Wir freuen uns. Denn endlich einmal wird Juliane nicht übersehen, sondern gilt als existent – und das ausgerechnet dort, wo man spezialisiert ist auf das Ende des menschlichen Lebens. „Dort, wo ihr Frieden spürt, darf euer Kind liegen", sagt unser Wegbegleiter, mit dem wir durch den Wald gehen. Er freut sich auch, nämlich seinen riesigen Arbeitsplatz zeigen zu können, was selten sei: „Endlich Angehörige, die gut zu Fuß sind! Die anderen sind halt oft schon alt." So finden wir Julianes Platz, da liegt sie ganz für sich und nicht in einer Kindergrabreihe mit Jenny, Jessica oder Kevin. Aber sie hat Nachbarn: Die heißen Charlotte, Josef, Manfred, Irene und Christa.

Anpfiff

Juliane war wohl nicht fürs Konkurrieren geschaffen: zu still, um sich einen Platz erkämpfen zu wollen und zu schreien: Jetzt komme ich! „Du musst dich auch mal wehren", hören Kinder oft, wenn sie weinend aus dem Kindergarten nach Hause kommen. Juliane aber wehrte sich nicht. Und ihre Gewohnheit, lieber nicht zu schreien, irritiert bis heute. Das Leise und dennoch Gewichtige an ihr scheint vielen zu schaffen zu machen. Es widersetzt sich dem Gewohnten und lässt sich kaum in Reihen, Rubriken und Regelsysteme einfügen. Trotzdem hatte sie jetzt einen Ruheplatz gefunden. Das Holzkreuz am Grab jedoch erzeugte bald schon wieder Widerspruch. Die regionale Grabsteinfirma sandte uns ein feinfühliges Trostschreiben (Stufe 1), danach einen Katalog mit Beispielen für die Grabgestaltung (Stufe 2), es folgte die Einladung zum Firmentag der offenen Tür (Stufe 3). Übrigens seien auch Rabatte möglich (Nachricht 4). Schließlich erhielten wir den Abschiedsbrief (Stufe 5), in dem stand: Wer billige Grabsteine aus China kaufe, mache sich zum Totengräber der heimischen Grabsteinwirtschaft. So viel Einfluss hatte ich uns nicht zugetraut. Uns war schlicht nach und nach erst klar geworden: Das verwitternde Holzkreuz mit Schmetterling passt ideal zu Julianes Wohnort.

Aber wohnt sie wirklich dort, wo der Maulwurf das Werk seiner Schaufeln, den von ihm geschaffenen Gang, mit Fleiß verteidigt? Nachdem die Odyssee der Grabplatzsuche beendet war, hatte ich einen Moment vollkommenen Friedens empfunden. Sie nirgendwo anders als im Grab zu wissen, würde aber dazu führen, dass ich solche Trostmomente nicht mehr erleben könnte. Wo also sind die Toten? Natürlich in Gräbern, als Asche in Urnen oder irgendwo verstreut. Aber sind sie nicht auch anderswo, können zugleich an mehreren Plätzen sein? Wie kann ich mir das vorstellen, was ich glaube, dass es Juliane gut geht, auch wenn sie nicht greifbar in der Nähe ist?

Als Kind habe ich erlebt, wie man auf eigene Faust an einen Ort gelangen kann, an dem man sich geborgen fühlt, ohne deshalb seinen Eltern weh tun zu wollen. Ich ging mit meiner Freundin fort. Da war ich vier Jahre alt, es ging über die große Straße hinaus ins Nichts beziehungsweise in ein Land, das mir bislang nicht offen stand. Wie kam uns die Idee? Ich weiß nicht mehr. Es passierte vermutlich wie von selbst, wir dachten nichts dabei, vermissten niemanden und landeten in einem Geldinstitut, das mich betörte, weil es völlig anders als die Plätze war, auf denen wir gewöhnlich spielten.

Auch Kinder, die nicht lebend geboren werden, brechen auf und gehen fort. Und ich glaube: Sie vermissen nichts, sind aber auch nicht weggegangen, weil sie etwas gegen ihre Eltern hätten. Es ist wie in einem Witz, der erzählt, dass ein Kind nach Meinung seiner Eltern nie ganz bei ihnen angekommen sei. Der kleine, nach einigen Jahren aber schon nicht mehr wirklich kleine Sohn – er redet nicht. Und das, obwohl er offenbar alles verstehen kann. Doch nicht mal brabbeln tut er, kein Wort hat der Junge probiert, keine Silbe gibt er preis, schreit auch nicht – was die Eltern und eine große Anzahl an pädagogischen Fachkräften in Aufruhr versetzt. Sie fragen sich: Wird das Kind jemals sprechen können? „Wo ist die Butter?“, hört man eines Abends am Tisch. Gesprochen hat das Kind, fünf Jahre alt. Die Eltern erstarren, fangen an zu lachen, weinen, springen auf, umarmen ihren Sohn und einander: „Du kannst ja reden!“, rufen sie: „Warum hast du denn nie etwas gesagt?“ Der Gefragte stutzt: „Bislang war doch alles bestens.“

Der Witz lässt mich fragen: Hast du eigentlich genug, mein Kind? Stimmt alles mit den Heidelbeeren, den Gummibären, hast du Karotten und Erdbeeren? Du wirst nichts vermissen, glaube ich. „Ich hoffe, dass die Toten nicht an unserm Leben teilhaben“, sagt die Schriftstellerin Gabriele Wohmann in ihrem Buch „Sterben ist Mist, der Tod aber schön“, in dem ihre Himmelsträume aufgezeichnet sind. „Sonst ginge es ihnen nicht so gut, sonst müssten sie sich nämlich Sorgen machen: Ah, jetzt hat die Gabriele dieses Zahnproblem.“ So wird sich auch Juliane keine Sorgen machen, nur weil wir sie vermissen, oft nicht wissen, wohin mit unsern Sorgen ohne sie.

Von der Sorglosigkeit des Himmelreichs kann man auch etwas in irdischen Gefilden ahnen, die zuweilen eine himmlische Einfärbung bekommen können. Und das, da doch wieder einmal ein Kind fern von seinen Eltern war. Inzwischen war ich sieben Jahre alt. Diesmal war kein Geldinstitut das Ziel. Wir waren zwei Orte weitergezogen, wohnten direkt am Wald, an dem auch der kurz zuvor eröffnete Nauheimer Sportpark lag. Eine echte Tribüne hatte er, es war ein kleines Stadion. „Wo ist er denn? Man hört ja gar nichts von ihm?“, fragten eines Tages meine Großeltern: „Wo ist denn unser Odysseus?“ Die Eltern machten sich keine Sorgen, sie waren nicht da. Meine Großeltern vertraten sie. Und auch ich! Auch ich machte mir keine Sorgen. Das Kind fühlte sich heimisch, obwohl es nicht zu Hause war. Es war ein Fieber, das sich aber nicht wie Fieber anfühlte. Man hätte auch keines messen können. Der Abenteurer war nicht krank, sondern auf einem Fest. Immer wieder einmal flogen Fußbälle, Handbälle, Gymnastikbälle, Medizinbälle oder Faustbälle auf den Plätzen des Sportparks durch die Luft, sie rollten oder tanzten. Ihre Kurven zu verfolgen begeisterte mich. Jetzt aber kam ein Turnier hinzu! Das Vereinsjubiläum wurde gefeiert – auf dem Stadionrasen, der nur selten betreten werden durfte, denn dieser Ort war heilig.

Auch ein Festzelt stand da, man konnte Getränke kaufen – und alles steuerte auf das Entscheidende zu, erklärte mir ein Junge: „Gleich spielt die erste Mannschaft!“ Ich blieb, magnetisch angezogen, ohne dass wir im ersten Schuljahr das Thema Magnetismus durchgenommen hatten. Ich konnte an nichts anderes denken außer: Wenn doch nur das Spiel angepfiffen würde! Es war der Himmel, der sich an den ungewöhnlichsten Orten offenbaren kann. Erst als das Spiel lief, wurde ich nach und nach aus dem Himmelreich entlassen. Woran merkte ich das? Bis auf den Jungen, der mit seinen Eltern im Stadion war, sah ich kein anderes Kind, es war kühler geworden. Auch spielten, fiel dem Erstklässler auf, die Besten des Dorfes nicht jede Minute himmlisch. So machte ich mich auf den Heimweg, noch immer ohne jede Sorge. Ich war ein Vogel auf dem Feld, der nicht sät und auch nicht erntet, sondern ständig Fußballspiele schauen wollte. Und der himmlische Vater war an seiner Seite. An der Rollschuhbahn – das Himmelskind war nur noch wenige Schritte von der Wohnung entfernt – fiel es in die Hände eines Suchtrupps, der sich augenblicklich damit brüstete, unter all den von der Großmutter ausgesandten Spähgruppen den entscheidenden Fang gemacht zu haben: „*Wir* haben ihn gefunden!" Und ich wunderte mich, weil ich doch überhaupt nicht verloren gewesen war.

So staunte gewiss auch unser Kind, wenn wir es aufspüren würden. „Endlich! Haben wir dich gefunden!" Erleichtert würden wir fragen: „Wo warst du denn die ganze Zeit? Warum warst du fort, hast dich aus dem Staub gemacht, uns kein Sterbenswort gesagt?" Und tausend weitere Fragen, die Eltern eben stellen, wenn sie sich Sorgen gemacht haben. Dem Kind im Stadion aber war nichts passiert, nichts hatte es vermisst, nicht die Stunden gezählt, gar nicht bemerkt, dass Stunden verstrichen waren und es überhaupt so etwas gab wie

Zeit. Ihr Enkel ist noch existent, hatten meine Großeltern während der Abwesenheit vermutlich überlegt: irgendwie lebendig, das schon, hoffentlich nicht verletzt und bitte nicht - das wagten sie sicher nicht wirklich zu denken - tot. Nein, das Kind war nicht tot, sondern hatte auf das Erscheinen der Trikotfarbe Blau gewartet.

Ertappt fühlte ich mich erst, als mir die Späher des Suchtrupps und dann auch Oma und Opa ins Gewissen redeten: „Das darfst du nicht! Wegbleiben und kein Wort sagen. Wo warst du nur?" Ich konnte nichts sagen, den von mir besuchten Ort kaum benennen, auch nicht erklären, was mit mir geschehen war, als ich abtauchte, nichts mehr überlegte und mich vollkommen zu Hause fühlte, obwohl ich niemals auf den Gedanken gekommen wäre, auf meine Eltern oder Großeltern verzichten zu wollen. Kinder, die im Himmel sind, bekommen solche Fragen nicht gestellt, müssen sich ihres Verschwindens auch nicht schämen. Damit nicht genug! Juliane kann dort ihre Urgroßeltern treffen, das hat sie vielen Erdenkindern voraus.

Jedenfalls hatte ein eher stilles Kind für heftigen Aufruhr gesorgt, indem es an einem Platz gewesen war, der vielen als eine vollkommen andere und fremde Welt erscheint. Meine Großmutter konnte nicht folgen, als ich die Anziehungskraft dieser Welt zu erklären versuchte. Auch mein Bruder, der meine Faszination zu dolmetschen versuchte, scheiterte. Wieso aber zog am Abend dennoch Frieden ein? Aus der Ferne riefen meine Eltern an. Sofort bekamen sie die Geschichte von Aufbruch und Heimkehr eines Kindes erzählt. Sie schimpften nicht. Sie wunderten sich auch nicht oder höchstens darüber, dass ich wieder einmal entschieden der Kraft des Himmels gefolgt war. Sie lachten! So war ein Kind mit seinen Eltern sehr verbunden, auch wenn sie ihm keinen Gutenachtkuss geben konnten, es nicht umarmen, nicht berühren und auch nicht sehen konnten, wie es im Kinderbett lag und schlief.

18.02 Uhr

„Was ist denn hier los?", fragt die Schwester, die gerade ihren Dienst angetreten hat und das Abendessen in den Kreißsaal bringt. Ja, was ist bei uns nur los? Nicht viel. Unser Kind verhält sich sanft. So haben Ärztin, Hebamme und Mutter einige Arbeit, es auf die Welt zu locken. Aus der Nacht war ein langer Sonnentag geworden, bald würde es zu dämmern beginnen und dann schon wieder Nacht. Und wir sahen: Es war nicht gut. Der Schmetterling vor dem Fenster war davongeflattert, da sich der Zeitpunkt näherte, dass das Kind vor unsre Augen kommen sollte.

Und der Leser überlegt an dieser Stelle vielleicht, ob er weiterlesen soll, weil er denkt: Was wird mich nun erwarten? Genau das fragte ich mich auch. In den Stunden zuvor hatte ich mitunter gedacht: Gibt es denn keine Möglichkeit, diesem Tag eine Wendung zu geben oder sich davonzustehlen? Neidisch war ich auf meine Tochter, die genau das zustande gebracht hatte: sich aus dem Staub zu machen. Doch bevor sie zu Staub zerfallen konnte und zu Erde und zu Asche, wie man sagt, musste sie erst noch aus dem Bauch heraus. Ich hatte keine große Lust auf sie. Sie machte, was sie wollte – und sich davon, ohne aber ganz verschwunden zu sein. Und doch war ich neugierig, nicht zuletzt deshalb, weil ich mir nicht im Entferntesten eine Vorstellung davon machen konnte, wie dieses Kind aussähe.

6. Oktober 2012, 18.02 Uhr – das war der Moment, der mich seitdem sagen lässt: „Väter sprechen von ihren Töchtern oft in Superlativen. Das kann man leicht als subjektiv gefärbtes Urteil entlarven. Bei mir ist das ähnlich, mit dem Unterschied, dass es auch objektiv unbestreitbar ist: Juliane ist das schönste Kind der Welt." Wenn ich das sage, lacht und lächelt so gut wie niemand über diese Form der Ironie. Warum? Weil sie aus der Freude geboren ist, was vielen noch unvorstellbarer ist als die Tatsache, dass ein Kind tot geboren wird. Ich könnte mir das auch nicht vorstellen, wenn ich es nicht hätte erleben dürfen. Denn es war nicht schrecklich, sondern das Gegenteil.

Die Hebamme ruft: „Seht ihr, seht ihr!" Ihre Begeisterung kennt keine Grenze, sie freut sich, ist von unsrer Freude angesteckt: „Ich habe es doch gesagt, habe ich es nicht gesagt?" Alles sei in Ordnung! Da war Juliane also doch noch in guter Ordnung eingetroffen. Sie hielt ihre Hand nicht mehr vors Gesicht, ihr Arm war ausgestreckt, entspannt. Na gut, ich will präzise sein: Die Haut sah ein wenig aus, als ob sie gebadet hätte, sie war aber auch lange in ihrer Wasserblase gewesen. Dazu war ihr Gesicht ein wenig zerknautscht von der Reise durch den Geburtskanal. Das machte freilich nichts, störte das Urteil ihrer Schönheit nicht, das ich vor aller Welt verteidigen könnte.

Ihre Miene wirkte vergnügt, überhaupt nicht rebellisch, sondern mit sich und der Welt im Reinen. Sie war angekommen: bei uns, aber offenbar auch an einem Ort, der nicht identisch war mit dem, wo wir gerade waren. An diesem Ort musste es so attraktiv sein, dass meine Enttäuschung über ihr Gehen augenblicklich verschwand. Nur der Neid blieb, dass sie es so gut getroffen hatte. Und die Schwester, die das Erwartungsfrohe vermisst hatte, sagte: „Hier ist der Frieden." Laut war es tatsächlich nicht. Wundersam aber war nicht nur die Stille, denn die Hand, die Juliane einst als Schutzschild verwendet hatte, war kein Händchen, kein Fäustchen, es wirkte nicht wie eine süße Babyhand, sondern war auf vollendet filigrane Weise ausgebildet. Kein Schüler aus der Werkstatt des Bildhauers Tilman Riemenschneider, nicht einmal der Meister selbst, hat jemals solche Hände zustande gebracht. Das konnte ich mir nicht erklären und auch niemand sonst, den ich seither gefragt habe. Jeder Nagel war fein gestaltet, die

Finger waren zartgliedrig und lang. Und das, obwohl mein Kind sonst nicht schmal geraten war. Auch nicht klein, mochten viele nach der Geburt trotz energischen Widerstands der Eltern unaufhörlich von der „kleinen Juliane“ sprechen. Eine Verniedlichung, die alle Kinder erleiden, die in Freibädern, Einrichtungshäusern oder Stadien verloren gehen und dann ausgerufen werden. Auch bei Entführungen bekommen selbst zehnjährige Kinder von seriösen Nachrichtenagenturen unablässig das Adjektiv „klein“ zugesellt, obwohl man deren Leben und das ihrer Familie gerade in diesem Fall doch durchaus mit einer gewissen Größe und Tiefe in Verbindung bringen könnte. Stattdessen aber spricht man vom kleinen Jakob, was auch nur einen Versuch der Distanzierung darstellen dürfte, mit der man sich zum Beispiel die nicht immer kleinen, süßen und niedlichen Reaktionen der Eltern vom Leib zu halten versucht.

Nicht klein, sondern lang waren Julianes Finger, was mich sofort wieder in den Vaterstolz fallen und an musikalische Hochbegabung denken ließ: Waren ihre Finger womöglich deswegen feingliedrig geworden, weil sie im Bauch Klaviermusik gehört hatte? Oder umgekehrt: Hatte sie wegen dieser Finger bereits im Bauch Gefallen am Spiel des Tasteninstruments gefunden? Was noch überraschender und witzig war: Nicht nur ihre Finger, sondern auch die Zehen fielen wegen ihrer Länge auf, vornehm ausgeformt bis ins Detail. Wenn sie ohne Arme zur Welt gekommen wäre, hätte sie augenblicklich mit ihren Füßen das Klavierspiel beginnen können. Ihr Fußabdruck im Babypass ist der Beweis.

Aber da war ja noch das Telefon! Nach vielen Stunden Warten hatte sich ein Kind gezeigt, es war nicht irgendeines, sondern meins. Ein Wunder! Jetzt galt es, die Euphorie zu mäßigen, um das allgemein anerkannte Regularium des kommunikativen Miteinanders nicht auszuhebeln. So fühlte ich mich in die Empfänger meiner anstehenden Telefonbotschaften ein und entschied, von meinem Kind besser nicht zu schwärmen, schon aus dem ganz praktischen Grund, weil Euphorie den einen oder anderen dazu inspiriert hätte, mir die Adresse eines Psychiaters mitzuteilen. Ich gab also lieber, wie man so sagt, *Bescheid* – sprach auch auf den Anrufbeantworter im Gemeindebüro, der Arbeitsstelle meiner Frau, wo seit Wochen viele ungeduldig die Ausrufung des angekommenen Wunders erwarteten, eines Kindes von gleich zwei Theologen. So gab ich meiner Stimme eine Gestalt, bei der man gleich merken kann: Wir haben es mit einer Information zu tun. Dabei gilt es, die Satzmelodie auf etwa einer Höhe zu halten, was dann sachlich wirkt. Das hatte ich mir durch das Arbeiten für den Hörfunk angeeignet, es kam mir jetzt zugute.

Aber selbst das konnte dem Geschehen wohl nicht ganz das Echo des Wundersamen nehmen. Außerdem verschwieg ich bei aller Sachlichkeit nicht, dass mein Kind einen Namen hat. „Der hat sich versprochen“, sagte die Kollegin später immer wieder. Sie habe die Nachricht mehrfach hören müssen, bis sie annähernd verstanden hätte, was der Anrufer da überhaupt hatte sagen wollen. Die Telefonband-Abhörerin hatte gewiss auf eine andere Nachricht gehofft. Vielleicht aber war die Nachricht auch zu groß und unfassbar? Doch auch wenn die Eltern eines tot geborenen Kindes für sich selbst ebenfalls anderes wünschen, so haben sie doch keine andere Möglichkeit, als mit dieser einen Nachricht zu kommen. Womöglich haben Wunder aber auch etwas Erschreckendes? So ist nachvollziehbar, wenn einige sie lieber ignorieren wollen. Sich als Familie akzeptiert zu fühlen fällt den Eltern dadurch allerdings nicht leichter.

Knigge fürs Kondolieren

Wenn man ein Kind verliert, hofft man auf Unterstützung und Mitgefühl. Und tatsächlich: Viele haben geholfen. Ich hatte aber auch selbst zu helfen. Ich war und bin bis heute als Tippgeber, Tröster und Freisprecher von Schuldgefühlen gefragt. Worum man bittet, klingt etwa so: „Ich konnte oder kann nichts sagen, wusste nicht, wie ich reagieren sollte. Ich will nichts falsch machen! Verstehst du das? Kannst du mir helfen, dass ich damit besser zurechtkomme?"

Diese Erfahrung machen nicht nur Eltern verstorbener Kinder. Um Hilfe werden oft ausgerechnet die Hilfsbedürftigen gebeten, also Schwache, Kranke, Traurige, Verletzte. Sie sollen mit den Gesunden, Starken, Fröhlichen mitfühlen, in denen sich unangenehme Gefühle regen, weil sie möchten, dass das Leben immer vorwärtsgeht. Und bleibt es einmal stehen, wünscht man sich ressourcen- und lösungsorientierte Statements, die aus dem Stillstand führen. Womöglich trifft einen der Schmerz anderer so heftig, weil man in ihm nichts Ermunterndes finden kann? Fühlt man sich deshalb ratlos, hilflos, überfordert? Jedenfalls ist der Bedarf an Klärung und Hilfestellung groß. Mit ihm wächst das Angebot. So existiert eine nicht geringe Zahl an Ratgeberbüchern, die erklären, wie man richtig kondoliert. Ohne dass ich es angestrebt hätte, haben mich die nicht abreißenden Anfragen offenbar zu einem Experten in dieser Branche gekürt. Deshalb übergebe ich meinen Knigge fürs angemessene Kondolieren an dieser Stelle der Öffentlichkeit.

1. Habe den Mut, alles falsch zu machen, wenn du jemandem dein Mitgefühl zeigst. So ziehst du keine Maske auf, sondern zeigst dein Gesicht und das ist schön.

2. Den Schmerz teilen, einander beistehen – das lässt sich nicht lernen. Oder vielleicht doch? Aber nicht durch die praktische Umsetzung eines intensiv zu studierenden Knigges fürs angemessene Kondolieren. Sondern? Indem man daran denkt, dass man selbst verletzbar ist.

3. Frage direkt: „Wie geht es dir?" Oder sage: „Es tut mir leid." Wenn du keine Worte hast, berühre den Traurigen leicht oder nimm ihn in den Arm, aber nicht deshalb, weil du denkst, du müsstest es tun, weil es ein Kondolenzexperte empfohlen hat.

4. Falls du das Gefühl hast, dass das alles nicht klappt und nicht richtig ist, dann halte dich an Regel 1.

Pippi Langstrumpfs Wunderpillen

Julianes Füße sahen nicht aus, als ob sie zum Treten anderer Menschen geschaffen worden waren. Auch ihre Hände waren keine, mit der sie gewaltig auf den Tisch oder dazwischen hätte hauen können, ungeeignet auch für Kinnhaken oder Schläge in die Magengrube. Ihre Finger waren unverkrampft, sehr beweglich und weich. Wofür sind diese Hände aber dann gemacht, da sie offensichtlich nicht ideal fürs Leute-Schlagen, Zwicken oder Kneifen sind? Ich weiß es nicht, kann es nicht wissen, kann nicht sagen, wofür sie der Künstler, der sich Riemenschneider weit überlegen gezeigt hatte, geschaffen hat. Julianes Finger verhielten sich völlig ruhig.

Ich will meine Tochter aber nicht als bewegungslose Schönheitskönigin in Erinnerung behalten. So stelle ich sie mir im Himmel beweglich vor. Dabei hilft mir nachzusinnen, welche Bedeutung Hände für kleine Kinder haben. Welch ein Triumph, wenn es ihnen erstmals gelingt, den Faden in die Nähnadel einzulochen! Gestutzt werden wollen Kinderhände nicht gern. Sie reagieren empfindlich, wenn die Nägel geschnitten werden. Und die Faust, die haut, tut danach weh. Eher fühlen sich Finger und Zehen im Sand zu Hause. Selbst Finger, die nicht in der Lage sind, fest zuzupacken, können Löcher, Tunnel, Burgen bauen. Sie graben Löcher und schaffen Bahnen, in denen Murmeln rollen sollen. Und sommerwarm spielt der Sand zwischen den Fingern, die eine erfrischende Kühle spüren können, wenn sie immer tiefer in die Erde fahren. So male ich mir aus: Auch ein Kind, das sich aus dem Staub gemacht hat, kann die Erde auf spielerische Weise genießen. Juliane spielt jetzt im Sand, das muss himmlisch sein. Allerdings bin ich mir nicht völlig sicher. Denn wird es im Himmel, der oft als Gegensatz zur Erde gilt, Sand zum Spielen geben? Andererseits: Wenn der Himmel wirklich himmlisch ist, dann wird in ihm alles möglich sein. Es kann dort auch auf spielerische Weise irdisch zugehen. So schippe ich aufkommende Zweifel energisch beiseite und baue weiter auf meinem Kinderglauben. Täte ich es nicht, würde das bedeuten: Julianes Hände wären allein dazu da gewesen, schön zu sein, und das ist mir entschieden zu wenig.

So träume ich davon, dass sich ihre Hände öffnen können, ohne ihre eigenwillige Weichheit zu verlieren. Kämpfen, krallen, kratzen? Eher wirken ihre Bewegungen wie Flügelschläge, geboren für die Zärtlichkeit.

Können Fäuste eigentlich segnen? Segnen – auch das geht wohl nur mit offenen Händen. Vielleicht rede ich mir nur schön, was unschön ist: dass es Kinderhände gibt, die sich nicht bewegen können, selbst wenn die Muskeln und die Nervenbahnen ausgebildet sind. Ach was! Julianes Hände hätten mich ruhig boxen sollen, wären sie doch widerständig und nicht immer weich, entspannt und offen.

So tut es eben immer wieder weh, selbst wenn ich mich an ihren Händen traumhaft freue. Und weil es weh tut, beende ich das Träumen nicht. Denn es macht heiter, auch wenn es auf nicht nur angenehme Weise schön sein kann – wie das Buch, das mir mein Patenonkel zum Geburtstag überreichte. Wie stets: nicht altersgerecht! Es war demnach kein Buch, das mich als Kind in der Entwicklung passgenau vorangebracht hätte, es war auch kein Abenteuerbuch. Oder doch! Ich fand in ihm Abenteuer anderer Art. Sehr fremd. Chopin – aussprechen konnte ich den Titel des Buches nicht. Ich las darin, verstand aber vieles nicht, zum Beispiel warum George Sand ein Frauenname ist. Angezogen aber war ich von einer Hand. Sie war anstelle von Chopins Totenmaske abgebildet. Wie sagt man dazu treffend? Vielleicht: ein Totenhandschuh des Pianisten und Komponisten, der julianeartig lange Fingerglieder hatte und klangvoll klar und dann wieder auch kaum noch hörbar zauberhaft die Töne fließen lassen konnte. Die Lunge aber war nicht stark. Kein kinderleichtes Buch!

Das freilich von Wundern sprach wie eben seinen Händen, die nicht zum Kämpfen geschaffen waren, so energiegeladen Chopins Walzer und Préludes auch klingen mochten.

Julianes Hände aber waren schon im Anfang so! Und das ohne Training, Üben und Qual, wovon auch ihr Gesicht erzählt, das der Frieden komponiert hatte. Ein Gesicht ohne jede tragische Note, sondern klar und wundersam entschieden. Allerdings: Fast schien es mir so, als ob sie auch ohne Herzschlag noch auf ihre Umgebung reagieren konnte: Ihre Stirn war minimal gekräuselt, wenn es in ihrer Nähe betriebsam wurde. Was dafür spräche, dass sie die Stille liebte, wie wir es die Schwangerschaft über bereits vermutet hatten. So erschaffen ihre Finger im Himmel jetzt womöglich tonlos Schattenspiele! Aber ihre Füße, was machen eigentlich die Füße? Sie sind mit ihren vorwitzigen Zehen stets bereit, dort aufzutauchen, wo man es nicht vermutet. Wie es Pippi Langstrumpf lehrt, die in die Gegenrichtung schlief: Ihre Füße lagen auf dem Kopfkissen. Als ihre Freunde Thomas und Annika sie besuchten, staunten sie kolossal, diese immer ein wenig zu braven und stillen Kinder, die allerdings für jede Exzentrik zu haben waren, die der Enge ein Ende machte. Mit ihnen kann Juliane jetzt spielen. Denn auch diese drei sind Kandidaten fürs Himmelreich. Nein! Längst sind sie dort eingetreten. Sie schluckten nämlich Wunderpillen und schworen sich dabei: Wir bleiben Kinder für immer.

Statistik

„Kinder sind wunderbar", sagt Gloria, eine englische Freundin von uns: „Nur werden sie leider irgendwann erwachsen." Das erinnert mich an Jesus, der kein Engländer war, nach historisch-kritischem Forschungsstand auch keinen kannte und damit auch nicht den englischen Humor. Aber auch für ihn war die kindliche Perspektive keine Vorstufe zum abgeklärten Blick der Erwachsenen, sondern die Eintrittskarte in den Himmel. Vielleicht ist Juliane allein schon deshalb Himmelsbürgerin, weil sie nie erwachsen werden konnte? In keine Statistik der mehr als sieben Milliarden Erdenbürger ist sie eingegangen. Und dennoch war sie ein irdisch-reales Wesen, wenn sie der Statistik zufolge auch niemals existiert hat.

Und wieder zu wenige Kinder! Das ist ein wiederkehrendes Ergebnis, wenn man in Deutschland die Bevölkerungsentwicklung betrachtet. Manchmal fügen Tageszeitungen hinzu, das seien die lebend Geborenen. Ein aufmerksamer Leser kombiniert: Es gibt auch noch Geburten mit anderem Ergebnis, von denen in der Meldung auf Seite eins aber nicht die Rede ist. Etwa 30 Prozent aller Frauen erleben eine Fehlgeburt, man kann das nur schätzen. Ungefähr jede 250. Geburt in Deutschland endet mit einer Totgeburt. Das ist nicht nichts, aber gesprochen wird davon kaum. Den lebenden Kindern werden Bildergalerien gewidmet, ihre Ankunft wird gefeiert. Erwähnen Eltern ihre still geborenen Kinder, hören sie in einem Tonfall besonderen Wohlwollens, als habe das Neugeborene eine Auszeichnung errungen: „Das ist privat. Ich will nicht stören."

So findet man sich in Gruppen zusammen, gründet Vereine, Organisationen, über die zu speziellen Zeiten (vor Karfreitag oder im November) Journalisten berichten, die dadurch zeigen: „Wir haben die andere Seite im Blick." Doch ist eine Totgeburt wirklich so sehr anders, speziell, besonders, sonderbar? Ich selbst, der ich sie erlebt habe, halte sie für vollkommen normal, ich kann es nicht ändern. Mein Kind ist nun einmal so, wie es geworden ist, was genauso für jene Kinder gilt, die nach der Geburt aus der Klinik mit nach Hause genommen werden. Es fällt auf: Immer wenn etwas Nichtlebenslustiges geschieht, werden Selbsthilfegruppen gegründet oder besucht, was nicht wenigen einen Durchbruch aus der Vereinzelung beschert. Andererseits habe ich den Verdacht, dass die Allgemeinheit aufatmen kann, weil sich die sogenannten Betroffenen mit ihrem Unglück abgesondert beschäftigen. Eben privat, um das öffentliche Leben nicht aus der Ruhe zu bringen. Aber aus welchem Grund gilt es eigentlich als ein fraglos öffentliches Phänomen, dass ein Baby schreit?

Öffentlich nennt man auch Spielplätze, wo man Eltern zuweilen laut schreien hört. Sie schreien ihr Kind an, das gefälligst nicht so laut schreien soll. Das ist normal. Aber wenn Eltern schreien, weil ihr Kind nicht schreit, dann soll das gefälligst privat sein, weil es nämlich etwas angeblich anrührend und berührend Abgeschiedenes ist, bei dem man nicht stört: „Ihr braucht einen geschützten Raum." Eltern toter Kinder wollen durchaus Ruhe. Aber das ist eine Ruhe, in der man ihnen auch mal zuhört, ohne dass gleich widersprochen, ermuntert und ins künftige Leben hineingewiesen wird. Wehren sich Eltern gegen dieses korrigierende Zuhören, fühlen sich die Hilfswilligen bestätigt, besser nicht an den Schmerz der Eltern zu rühren. Da man so viel Wert darauf legt, trauernden Eltern ihren Schutzraum zu lassen, lässt sich allerdings auch fragen: Warum werden nicht auch Spielplätze verhüllt, so wie es einst der Künstler Christo mit dem Berliner Reichstag tat? Auch Schallschutzwände wären sinnvoll, damit trauernde Eltern noch viel besser privat, abseits und ungestört leben können.

Ich habe viele Eltern erlebt, die bereit wären, von ihren Himmelskindern zu erzählen. Medizinisch ist nachgewiesen, dass der Verlust eines Kindes nicht mit dem der Stimmbänder einhergeht. Das freilich wird oft ignoriert, sogar dann, wenn man gerade ihr ureigenes Thema öffentlich macht. So ist in einem Taunusort die Sodener Passion entstanden, in der man der Fehl- und Totgeborenen gedenkt, das vermeintlich Nur-Private an die Öffentlichkeit holt. Auskunft aber gibt ein Pfarrer, dessen Kinder leben, lese ich in der Presse. Er hätte in einer Art Untergrundarbeit Kontakt zu diesen Eltern aufgenommen und dabei für sich gelernt: Springende Kinder seien nicht selbstverständlich, man werde dankbar für ihre Fröhlichkeit. Wovon hätten die ungefragt gebliebenen Eltern erzählt? Vielleicht von einer Geburt, die trotz allem ein Wunder war.

Wahrsagerin

Eine Wahrsagerin, träumte ich, die sonst nur in Zelten verkehrte, kam nach der Geburt zu uns. Sie sah nach Julianes Lebenslinie, um zu folgern, was dieser Mensch zu erwarten habe. Sie nahm ihre Hand, die nicht krampfte, sah in sie hinein, berührte mit ihren Fingerspitzen die eingegrabenen Linien und verwunderte sich sehr. Denn den Tod konnte sie nicht finden. Da wandte sie sich uns zu und sprach: „Was ist denn nur mit diesem Kind? Wenn es nicht so unglaubhaft wäre, würde ich sagen: Dieses Kind wird niemals sterben."

Kinderwagen

So waren eine reale Standesbeamtin und eine geträumte Wahrsagerin unabhängig voneinander zu demselben Ergebnis gekommen: Juliane kann nicht gestorben sein und damit auch nicht sterben. Trotzdem hatten wir uns um ihre Hinterlassenschaft zu kümmern: Natürlich hätten wir vor der Geburt keine Wickelkommode, kein Bett und auch keinen Kinderwagen kaufen müssen – nach dem Rat einiger, erst nach der Geburt Kleidung, Windeln, Bett und Kinderzimmer zu besorgen. Ich aber stimme der Mehrheit der werdenden Eltern zu: Es ist vorteilhaft, sich vorher darum zu kümmern. Wir hätten noch nicht mal eine Futterkrippe für unser Kind gehabt. Außerdem ist es schön, sich während der Schwangerschaft zu freuen. Soll man das unterdrücken? Dann wäre man für den ungünstigen Fall gewappnet. Wir wären aus der Klinik heimgefahren und hätten sagen können: Zum Glück waren wir extrem vorsichtig: Nicht eine Sache haben wir angeschafft. So war es aber Gott sei Dank nicht! Sonst hätten wir auf die Vorfreude verzichten müssen.

Nun aber fragten wir uns: Was machen wir mit dem Kinderbett? Das blieb, es ist noch immer da. Die Leere des Bettes gibt uns wohl die Sicherheit, mit Julianes Fehlen leben zu können. Und der Kinderwagen? Den brauchen wir nicht, entschieden wir, weil unsere Tochter schnell, schmetterlingsstark und unabhängig ist: viel zu reiselustig, um Reisehilfe zu benötigen. Nach der Geburt hatte ich ihn in den Keller verfrachtet. Im Untergrund lebte der – schon wieder ein Superlativ! – subjektiv und objektiv betrachtet schönste Kinderwagen der Welt: weinrot und gemütlich, ideal für Eltern, die kein Fitnessabzeichen für Kinderwagenjogger ablegen, außerdem babyleicht zu steuern.

Sollten wir ihn dem Baby-Flohmarkt spenden? Der Kinderwagen war allerdings nicht gebraucht, sondern neu. Da reimen sich, überlegten wir, werdende Omas, Opas, Tanten, Väter und Mütter zusammen: Dieser Wagen war für ein Kind gedacht, das die Lernetappen Liegen und Krabbeln übersprungen hat. Das würden die möglichen Käufer gewiss als schlechtes Omen deuten. Der gesamte Flohmarkt stünde unter einem schlechten Stern, weil er indirekt vor Augen stellt, dass das Leben unerklärlich überraschen kann. Das wollten wir keinem zumuten, nicht zuletzt deshalb, weil wir uns selbst auf unser Kind gefreut hatten. Vermutlich wäre der Kinderwagen mit der Erklärung zurückgekommen: „Selbst für einen Euro wollte ihn niemand haben." Normalerweise ist das Neue das Gute, in diesem Fall das Schlechte.

So hatten wir wieder einmal mit großer Empathie an die anderen gedacht, wollten nicht damit erschrecken, dass wir so waren, wie wir eben waren. Was aber dann? Wir könnten den Kinderwagen heimlich aus der Wohnung bringen. Bei Nacht? Ja, in den Wald damit! Dabei allerdings gilt es, konspirativ vorzugehen, nicht nur weil Müllabladen jenseits der dafür vorgesehenen Plätze strafbar ist und in der Öffentlichkeit nicht sonderlich beliebt. Man müsste dem Wagen auch Gebrauchsspuren zufügen, damit kein Förster, Finder oder Waldaufräumer potenziell traurige Gefühle bekommt, weil er denkt: Dieser Wagen wirkt seltsam neu. An welche geheimnisumwitterten Entsorgungsarten wir auch dachten – immer würde der Wagen Spuren hinterlassen und erschrecken. So wechselten wir die Taktik und gingen in die Offensive. Ich tat etwas extrem Öffentliches: Ich rief im Babymarkt an: „Nehmen Sie einen Kinderwagen auch zurück?“ – „Ja“, sagte die Verkäuferin. Das sei nicht privat.

So baute ich ihn auseinander, faltete ihn zusammen und legte ihn in den Kofferraum, wo er wieder Platz fand, als wären Kofferraum und Kinderwagen füreinander geschaffen. „Das ist gewiss der schwerste Tag in Ihrem Leben“, hatte der Pfarrer bei der Beerdigung gesagt, der selbst ein Kind verloren hat. Zu diesem Zeitpunkt allerdings hatten wir den Kinderwagen noch nicht zurückgebracht, diese rückwärtsfahrende Hoffnung. Das Stornieren an der Klasse klappte nicht, die Hände der Verkäuferin zitterten. Sie versuchte es nicht zu kaschieren. Die Schlange vor der Kasse wuchs, aber niemand protestierte, maulte, weil wahrscheinlich jeder dachte, wie absurd es ist, Menschen in Gewinner und Verlierer zu teilen. Welch ein Trost! In diesem Augenblick waren alle eins: Die vor der Kasse warteten, waren auch nur Menschen, die sich um ihre Kinder sorgen. Ich störte nicht, war nicht allein, sondern aufgehoben. Was aber sagt man nach der Stornierung eines Kinderwagens? Auf Wiedersehen! Das hätte kaum gepasst. Auch das bemerkte die Verkäuferin, sie zögerte kurz und sagte dann: „Es tut mir leid.“

An jenem Tag hatten wir, ein Elternpaar, den Mount

Everest bestiegen und feierten es mit Kuchen aus der Bäckerei, die unseren Hochzeitskuchen gebacken hatte: Er schmeckte auf extremistische Weise gut, mit Streuseln und Obst. Erdbeeren und Heidelbeeren waren nicht dabei.

Strampelanzug

Julianes Strümpfe und Strampelanzüge, ihre beiden Mützen behielten wir im Haus. Sie liegen in der Wickelkommode, die ich kurz vor ihrem zweiten Geburtstag zur Truhe umgebaut habe. Auch ihre Anziehsachen hätten wir nicht einfach weitergeben können, ohne damit zu erschrecken. Allenfalls zur Altkleidersammlung hätten wir sie geben können. Doch auch damit würden wir danebenliegen, weil es keine alte Kleidung ist. Warum werfen wir den Stoff nicht weg, da er keinen Nutzen hat? Weil die Kleidung vom Warten und Erwarten erzählt. Es ist nicht die reine Freude, wenn ich sie betrachte, aber sie erinnert mich daran, wie sehr wir uns gefreut haben. Und meine Erinnerung an die Freude will ich nicht abbauen, wie ich es mit der Wickelkommode getan habe.

Ein Kleid aber ist verschwunden und dennoch geblieben, wie auch Juliane verschwunden und geblieben ist: ein Strampelanzug in Dunkelrot, weiß gestreift, darauf ein Bär genäht. Als das Kind seinen Fußabdruck im

Babypass hinterlassen hatte, zog ich ihm dieses Rot an. Noch nie hatte ich ein Baby angezogen. Als ich es tat, hätte ein Beobachter sehen können, wie die Hebamme erst helfen wollte, dann aber schlucken musste und es mir überließ. Dem Vater fiel es leicht, dabei hatte er keinen Babypflegekurs besucht.

Lag es daran, dass ich als Kind nicht ausschließlich auf die Rolle des Jägers und Ernährers getrimmt wurde? In den zwei Jahren meiner Kindergartenkarriere besuchte ich einmal die Bauklötzchenecke, in der das Bauen und Machen eingeübt wurde. Sie war zu 99,8 Prozent von Jungen bevölkert. Einmal aber war ich auch in der Puppenecke aktiv, in der das Bewahren und Pflegen trainiert wurde. Dorthin verirrte sich alle 23 Tage ein Junge. In der Klötzchenecke wurde selten knabenhaft zart gespielt, auch gab es kaum architektonische Raffinessen. Oft verwandelten sich die Klötzchen in Jagd- und Überschallflugzeuge. Nicht lange, und die Kindergärtnerin brach die Flugshow ab. Bis zum Abbruch der Flugdarbietungen war aber noch Zeit genug, dass bemerkenswerte Geräusche entstehen konnten, da den fliegenden Steinen allerlei Kinderköpfe in die Quere kamen. Die Geräuscherzeugung dürfte auch darin begründet gewesen sein, dass die Ecken der Flugobjekte nicht abgerundet waren.

Warum es nicht mal in der Puppenecke probieren? Das Spielgerät dort war weicher. Die Mädchen zeigten mir, wie eine Puppe anzuziehen ist. Das kam mir nun im Kreißsaal zugute. Allerdings eignete ich mir meine Kenntnis nicht nur im Kindergarten an, sondern auch im Kinderzimmer. Denn es gab auch Puppen für Jungs, das waren echte Kerle: Jim, Joe und Jeff. Sie alle waren *big*. Die Puppen hießen folglich Big Jim, Big Joe, Big Jeff. Muskelpakete schmückten ihre Arme. Allerdings konnten sie nicht wie einige andere Puppen sprechen oder schreien, dafür waren ihre Arme und Beine beweglich. Umwickelte ich den Bizeps mit einem Eisenband, konnte der Puppenkerl dank einer Armbeuge das Eisen sprengen. Drückte ich auf den Rücken, sauste der ausgestreckte Arm auf ein Brett, das in Stücke brach.

Die Technik, mit der ich den schweren Jungs Kleider anzog, unterschied sich nicht sehr von der bei meinem Kind, dessen Arme und Beine beweglich waren. Nur war der rote Stoff kein Kampfanzug, auch schlug Julianes Arm kein Brett entzwei. Ähnelte sie aber nicht trotzdem einer Puppe, da sie sich nicht aus eigenem Antrieb bewegte? So hätte man meinen können, meinte ich aber nicht. Eltern eines Neugeborenen, das nicht atmet, wissen: Es ist nicht lebendig. Dennoch ist da aus irgendeinem Grund das Gefühl, dass das Kind nicht völlig fortgegangen ist. Es handelt sich also um kein Spiel, bei dem man nur so tut, als ob das Kind lebendig wäre. Juliane war tot und trotzdem da. Sie war aber auch kein Pinocchio, also keine Holzfigur, die eines Tages zum Leben erweckt wird. Vor allem glich Juliane keiner Barbiepuppe, weil erkennbar nicht magersüchtig.

Sie fühlte sich in unseren Armen nicht schlaff an, wirkte aber sehr gelassen. Sie ruhte so sehr in sich, dass ich den Eindruck hatte, dass sie ihre Ruhe von einem anderen Ort bezog. Auch ich selbst dachte bald, nicht nur an einem Ort zu sein. Das lag daran, dass mir die Szenerie im Kreißsaal wie erfunden schien. Denn alles das war, wie man so sagt, ein Schicksalsschlag.

Davon hatte ich als Kind zu Dutzenden erfahren, als ich die Ferien mit meinem Bruder bei der Großtante verbrachte. Aus Langweile las ich mich durch einen ganzen Stapel Schicksalsschläge, bezeugt wurden sie von regenbogenbunten Illustrierten. Ein Schlag war schlimmer als der andere! Durch ganze Schicksalsschlag-Jahrgänge wanderte ich. Und nicht nur Menschen wie mir und dir widerfuhren sie, sondern auch den Reichen, den Schauspielerinnen und Adligen. Oft tauchte die schöne Stephanie von Monaco auf, die mit den Männern und dem Leben überhaupt nicht recht glücklich zu werden schien. Zurück zu einer anderen jungen Dame, zu Juliane von Aschaffenburg. Wir befanden uns nun in der 18. Stunde nach Einzug in den Kreißsaal, ohne dass die Gesellschaft von diesem vielstündigen Aufenthalt einen erkennbaren Nutzen oder ein Vergnügen gehabt hätte. Denn nie würde Juliane bei Meisterschaften zur Miss Spessart antreten, nicht bei Jugend musiziert, auch keinen Karatewettbewerb gewinnen oder verlieren. Bei Jugend debattiert, wo es auf Schlagfertigkeit ankommt, hätte sie ohnehin keine

Chance gehabt, abwartend, wie sie war: Neun und einen halben Monat blieb sie im Bauch. Extrem forsch reagierte sie allerdings, als sie am Ende offenbar eine prima Alternative wählte und die Erde verließ. So fühlte sich das Geschehen in der Entbindungsstation schon längst nicht mehr ganz irdisch an, auch ich stand nicht mehr fest, tief eingewurzelt im Boden wie eine Eiche. Stattdessen sah ich aus mir heraus auf all das und auch von oben auf uns und darauf, welch seltsame Familie wir nun waren. Und doch! Obwohl der Blick zeigte: Nichts war richtig, sondern alles falsch, stimmte in diesem Moment alles. Eine Kerze leuchtete. Es war das Licht des Lebens. Und noch immer mussten wir den Saal nicht räumen. Und es war gemütlicher und friedlicher und freier als je zuvor an irgendeinem Weihnachtsfest, das wir seitdem nicht wieder gefeiert haben außer in dem Sinn, dass es der Geburtstag ist von einem Kind, das nicht mit rechten Dingen auf die Welt gekommen ist: ein guter Junge gerade auch für die, die ihr Kind vermissen.

Der Strampelanzug holte mich auf den Boden zurück. Er war sehr real, genau wie Julianes Hand, ihr Kopf, alles war extrem wirklich. Nun liegt sie im Wald, in der Erde. Und da ich sie gehalten habe, hielte ich es für einen Verlust, wenn es beim Hoffen auf ein Weiterleben einzig um die Seele ginge. So glaube ich an die Auferstehung im Fleisch, mag das für viele auch noch so seltsam klingen. Mir ist dieser Glaube ein Trost, weil er mich hoffen lässt: Ich habe meine Tochter nicht zum letzten Mal berührt.

Auferstehung eines Strampelanzugs

Wenn im Himmel wirklich Freude herrscht und nie mehr Angst, Geschrei und Schmerzen, dann dürfte es für Gott das geringste Problem darstellen, dort auch einen Strampelanzug zuzulassen. Aber ist das nicht zu irdisch gedacht? Schließlich bedeutet Auferstehung nicht die lineare Fortsetzung des hiesigen Lebens, wenden Experten ein. Sie berufen sich auf den Apostel Paulus, den vermutlich größten Auferstehungsforscher aller Zeiten. Er sagt: Der Leib wird auferstehen, sich aber verwandeln. Dagegen habe ich nichts einzuwenden. Juliane bleibt Juliane und ist dennoch verändert. Ich werde sie also mitsamt dem Strampelanzug wiedersehen. Was aber hat sich denn dann überhaupt verwandelt? Das Neue ist: Sie wird sich bewegen.

Mit der Auferstehung des Strampelanzugs würde geschehen, was an Julianes Geburtstag bereits begann: Das Kleidungsstück war da, um das Leben zu feiern, war vielleicht gerade deshalb schön, weil es keinen Nutzen hatte. Ursprünglich war es dazu gedacht gewesen, wie ein Fell dem Kind den Eintritt in die kalte Welt zu erleichtern. Kein neues Leben kann in Deutschland im Oktober die mehr als 30 Grad erwarten, wie sie im

Bauch einer Mutter herrschen. Selbst im bayerischen Nizza war es kühler. Nun aber war der Anzug mit dem Bär, Julianes Bärenfell, zum reinen Schmuck geworden. Denn Juliane konnte Kälte und Wärme nicht spüren. Stattdessen feierten wir das Fest des Augenblicks. Sinn fand ich darin nicht, konnte dem allem auch keinen geben, finde ihn bis heute nicht. Juliane aber, das Rot und auch der Bär – sie waren schön.

Die Feier mitsamt der Eleganz des Strampelanzugs hatte aber auch nicht mehr oder weniger Sinn als das Spiel mit einem Stoffbären. Natürlich kann man darin einen Zweck erkennen, weil es – wie es manchmal heißt – im Kind die Bewusstwerdung seines Ich-Kerns fördere. Im Spiel werde der Wunsch nach bleibender Verschmelzung und inniger Mutternähe auf ein anderes Objekt übertragen, wodurch das Kind die Abnabelung realisieren kann: Es ist nicht identisch mit der Mutter, auch nicht mit dem Vater, sondern ein eigenes Wesen. Eindrücklicher als der entwicklungspsychologische Zweckcharakter eines Teddybären kann jedoch der Zauber der Welt sein, in die spielende Kinder weisen: Stofftiere können sprechen! Und nicht nur das, sondern in diesem Spiel sind alle Dinge wie selbstverständlich glaubhaft und möglich.

Das betört so sehr, dass selbst alte Menschen noch ihr Stofftier haben, zwar nicht im Bett, aber doch in ihrer Nähe. Selbst der strengste psychologische Gutachter würde über einen 88-jährigen Stofftierbesitzer kaum folgendermaßen urteilen: „Die begutachtete Person hat verpasst, erwachsen zu werden, es nicht geschafft, aus der Welt der Dinge herauszutreten, die sie offensichtlich noch immer auf kindliche Weise für lebendig hält." Nein, dieses Urteil wird es nicht geben, ganz einfach aus dem Grund, weil es wunderbar viele Puppen- und Stofftieraufheber in jeder Altersklasse gibt. Es wird die Mehrheit sein. Es handelt sich bei ihnen nicht um krankhafte Träumer, sondern um vernunftbegabte Menschen. Gleichwohl halten sie die Verbindung zu ihrer Kindheit und glauben an die zauberhafte Kraft des Spiels.

Auch ich habe meine Stofftiere nicht getötet oder eingesperrt. Sie leben frei, sitzen oder stehen im Regal, wie da wäre: ein Esel in Strampelanzugsrot. Daneben ein Bär, der mich an den auf Julianes Anzug erinnert. Er lebt jetzt im Wald, wo Juliane liegt. Stofftiere sind nicht real im zoologischen Sinn, aber eine Vitaminzufuhr dafür, dass der Kinderglaube nicht an Altersschwäche eingeht. Gelegentlich schaue ich die Tiere an. Und sie mich. In ihrem treuen Blick lauert keine Tücke. Ich glaube: Wer sich mit Puppen und Stofftieren verständigen kann, muss nicht befürchten, dass im Himmel Schweigen herrscht.

Gegengift

Das Rot des Strampelanzugs ist auf Fotos festgehalten, die ich einige Minuten nach der Geburt gemacht habe. Eins steht im Wohnzimmerregal auf dem obersten Brett. Das kann für den Betrachter nur eine mögliche Haltung nach sich ziehen: Er hebt den Kopf, schaut nach oben. Aber tut das nicht weh? Besser sei es nämlich, sagen viele, nach vorn zu schauen: „Über einen Schicksalsschlag kann man hinwegkommen, wenn man ihn hinter sich lässt." Die Hauruck-Mentalität im Umgang mit Verlusten aber ist zweifelhaft. Ich glaube, niemand muss sich dafür entschuldigen, wenn der Blick nicht von dem loskommt, was schmerzt. Womöglich kann der Blick auf die verschattete Seite des Lebens auch verwandeln? Wenn ich auf mein Kind und damit nach oben schaue, fühle ich mich aufgehoben. Ich grüße sie und spüre, ohne dass ich die Gefühle näher unterscheiden könnte: Begeisterung, Ruhe, Trost. Denn das Foto ist ein Beweis, dass meine Tochter wirklich war, selbst wenn ihre Existenz verschwiegen wird, man mich nicht hören will, sondern noch im Abwenden empfiehlt, sich dem wirklichen Leben zuzuwenden. Jedes Mal freue ich mich, wenn ich das Foto sehe: Meine Tochter wirkt nun nicht gerade unwirklich, sie ist da. Und doch regt sich auch ein Schmerz, wenn ich sie betrachte: Sie selbst kann ihr Foto nicht sehen.

Das Bild aber lasse ich nicht verschwinden. Warum

habe ich manchmal den Eindruck, dass mich gerade der Blick auf ein totes Kind lebendig hält? Antwort finde ich in einer eigentümlichen Geschichte, die in der Bibel aufgezeichnet ist. Sie erzählt, dass ein Volk durch die Wüste wandert. Gerade eben war es noch gefangen, lauter Sklaven. Ohne Gottes Hilfe wäre die Befreiung nicht möglich gewesen. Jetzt aber, in der Wüste, schimpfen die Wanderer. Sie sind unzufrieden, mäkeln über das magere Essen, das sie in der überhaupt nicht luxuriösen Freiheit bekommen. Plötzlich sind da feurige Schlangen und wen sie beißen, der stirbt. Panik bricht aus. Wird Gott, der sie zu freien Wanderern gemacht hat, auch diesmal helfen? Er hilft tatsächlich. Allerdings hat seine Empfehlung ein Gepräge, das sich von den Du-könntest-doch-jetzt-wirklich-mal-langsam-darüber-hinwegkommen-Ratgebern unterscheidet. Gott ermuntert dazu, inmitten der Ohnmacht nicht so zu tun, als ob sich die Ohnmacht übergehen ließe. Er setzt die Vergangenheit nicht außer Kraft, sagt auch nicht: Guckt nach vorn! Stattdessen bleiben die Schlangen, sie hören auch nicht auf zu beißen. Allerdings soll – das ist die Medizin – eine eiserne Schlange an einer Stange aufgerichtet werden. Wer jetzt gebissen wird, sagt Gott, habe nach oben, also auf die Schlange zu schauen, mitten in den Schrecken hinein. Wer das tut, bleibt lebendig. Die Geschichte klingt wie ein Versprechen. Dieses Versprechen unterscheidet sich von dem Motto, nach dem die im Leben erlittenen Bisse abzuhaken sind. Die Wunde verschwindet nicht, aber ich kann weiterleben, indem ich den Schmerz nicht übergehe. Oder anders gesagt: Das Gegengift wird aus dem Gift selbst gewonnen.

30. September 2012

Lieber Papa,
du kannst dir kaum ein Bild davon machen, wie gut es mir geht. Deswegen habe ich ein paar Fotos gemacht, damit du siehst, wie es hier ist. Juliane

Fotoalben

Vordergründig handelt es sich bei Fotos um eine direkte Abbildung der Realität. Sie können aber auch von einer ganz anderen Welt erzählen, die mit dem Vordergründigen dennoch nicht in Trennung lebt. Als Kind blätterte ich oft in Fotoalben. Ich konnte mich darin verlieren und hatte das Gefühl, mich auf eine mir unbekannte neue Weise zu finden. Ich sah mich zu Fastnacht verkleidet im Kinderwagen, erinnerte mich daran nicht, saß aber trotzdem gern im Wagen, indem ich das Foto betrachtete. Meinen Opa, den ich kaum erlebt habe, war dank der Fotos für mich sehr real: Einmal war die Tür zur Wohnung, die ich sehr gut kannte, geschmückt, groß gemalte Buchstaben fügten sich zu einem Gruß an ihn zusammen: Willkommen!

Auch spazierte ich dank der Alben durch frühere Wohnungen. Sie wurden mir auf aufregende Weise vertraut, obwohl ich jenseits der Ablichtungen kaum Informationen über sie hatte. Die Fotos schenkten mir unbekannte Erinnerungen, waren die Tür in eine Landschaft, von der ich kaum sagen konnte, ob ich einmal wirklich durch sie hindurchgewandert war. Bald fühlte ich mich sogar auf Urlaubsreisen meiner Eltern zuhause, die ich nachweislich nicht erlebt haben konnte, weil ich damals noch gar nicht gelebt hatte. So wurden Grenzen schauend überschritten. Jenseits des Offensichtlichen können Fotos Landschaften schaffen, die neu und unbekannt, alt und vertraut zugleich sein können. Diese Landschaften sind für den Betrachter streng genommen unerreichbar, denn Fotos zeigen Vergangenes. Trotzdem ist das, wovon sie erzählen, wiederum nicht irreal, sonst hätte man die Fotos niemals machen können. Sie geben eine Ahnung von jenem Leben, auf das ich hoffe. Wer sie anschaut, kann auch in die Zukunft wandern. Denn Bilder halten die Sehnsucht wach, dass es einmal so schön wird, wie es sich der Betrachter des Vergangenen erträumt.

Schranke zum Paradies

Wenn ich am Grab stehe, schaue ich nicht lange nach unten, sondern bald über das Kreuz mit seinem Schmetterling hinaus in den Wald. Der Blick bleibt am Stamm einer schief gewachsenen Kiefer hängen. Vielleicht wurde sie auch von einem Sturm bedrängt. Sie wächst nicht geradewegs nach oben. Sie ähnelt einer Schranke, ist wie ein Tor, der Übergang in eine Welt, die ich aus Kindertagen kenne. Kiefern bestimmten damals den Wald, der direkt vor der Haustür seinen Anfang nahm. Von der Küche aus konnte ich durch junge Akazien hindurch in das endlos scheinende Kieferstammgewimmel sehen. Auch in diesem Wald gab es einen Friedhof. Er störte nicht, war sogar die Mitte des Walds, um die herum wir spielten. Bald kannte ich alle Wege. Da waren alte Bunker, Wälle und sogar Gebilde, die sich durchaus als Hügel bezeichnen ließen. Uns Flachlandbürger versetzte das in Ekstase. Diese Landschaft kannte auch Verstecke, die wir in die Erde gruben. Aber wir wollten nicht nur in die Tiefe, sondern hoch hinaus, erklommen Bäume. Allerdings keine einzige Kiefer. Denn dieser Baum, obwohl er den Wald bestimmte, war unbezwingbar. Äste, die man als Trittstufen hätte nehmen können, lagen unerreichbar hoch, begannen erst auf halber Höhe des Stamms, manchmal sogar erst knapp unterhalb der Krone. Die Kiefer war unser Sehnsuchtsbaum.

Wollte ich deshalb ständig in den Wald? Nirgendwo war ich lieber als dort, nur im Sportpark war ich ähnlich häufig, was nicht verwunderlich ist, weil dieser am Wald lag und kaum merklich in ihn überging. Viele der Gräser, Bäume, Büsche, Käfer, Vögel konnte ich nicht benennen, doch das grämte mich niemals. Denn in dieser Landschaft bewegte ich mich weniger als kühler Forscher denn als Abenteurer, der immer tiefer ins waldgrasüberwucherte Traumland wanderte. Das allerdings war nicht irreal. Noch heute könnte ich es jedem zeigen. Wir lebten direkt auf der Grenze, im Übergang: auf der einen Seite Häuser, Geschäfte, Kindergärten, die Schule und Ärzte. Auf der anderen Seite das Waldtraumland mit dem Friedhof als Zentrum. Was genau machte das Kind stundenlang in diesem Land? Es war frei, aufgehoben, zufrieden und kam niemals an ein Ende. Sonst hätte es nicht jeden Tag von Neuem die Grenze ins Baumgewimmel überschritten.

Im Wald senkte ich den Blick ins Gras und lebte mit Wesen, die selten sichtbar waren. Ihre Spuren: ein Knacksen oder Rascheln im Untergrund. Da waren Freunde aus Kinderbüchern, Detektive, Ritter, Märchenfiguren, die waren so wirklich wie die Banknachbarin in der Schule oder meine Staffellaufkollegen auf der Aschenbahn. Und immer war da ein erdiger Geruch, der entschieden anders roch als das Tannenspray, mit dem manche das Innere ihres Autos einnebeln. Ich war am Ziel. Und doch! Es war nicht genug. Der Wald weckte in mir die Lust auf noch mehr. Denn der Boden war stellenweise sandig, dank langer Hitzesommer mitunter furchtbar trocken. Dann blickte ich an den Kieferstämmen entlang nach oben, hinauf zu den urigen Kronen – und noch weiter, durch die Wipfel hindurch bis in den Himmel. Das Ziel des Sehnens war kein Flugzeug, das dort zuweilen zu sehen war. Nein, mich leitete die Aussicht auf einen Wald, der noch wunderbarer war als dieser.

Zweite Naivität

Wer an ein Leben nach dem Tod glaubt, kann manchmal hören: „Das gibt dir sicher Halt." Das ist respektvoll gesagt und manchmal auch ein wenig neidisch, weil dieser Glaube vielen verschlossen bleibt, auch wenn sie es vielleicht gern anders hätten. Wer über den Tod hinaus hofft, wird dafür aber auch belächelt. Man denkt: Wer an den Himmel glaubt, besitzt eine Wohlfühlgarantie, muss im Gegenzug jedoch auf ein klares, freies und kritisches Denken verzichten. Daher gelten Gläubige vielen als zufriedene, aber auch tendenziell beschränkte Wesen, die die Not der Welt nicht erkennen und den Blick vor ihr verschließen.

Ich glaube, es verhält sich umgekehrt. Die Hoffnung auf die Ewigkeit übersieht gerade nicht, dass im Leben vieles auf eine nicht gerade angenehme Weise irdisch ist. Deshalb beginnt man ja wohl auch zu hoffen, weil man spürt: Diese Welt kann nicht alles geben. Der Hoffende muss die Realität also nicht verklären, sondern kann mit scharfem Blick erkennen, was ungerecht und bitter ist. Natürlich lässt sich Erfüllung in der Gegenwart erfahren, wie ich das bei der Geburt meiner Tochter erlebt habe. Der Augenblick jedoch vergeht wie viele andere Glücksmomente. Die Gegenwart als einzige Autorität anzusehen, wie es mitunter empfohlen wird, heißt konsequent gedacht: Man bräuchte keine Friedhöfe, die Toten wären vergessen, es gäbe kein Erinnern. Es ist eine Form der Würde, zugeben zu können, nicht in jedem Augenblick glücklich sein zu können. Wenn man das Leben als immer akzeptabel zu betrachten hätte, gäbe es kein Hoffen. Ich aber bin guter Hoffnung: Sie erlaubt mir, die Welt nicht schön zu färben und für die beste aller möglichen Welten halten zu müssen.

Der Glaube, dass ich meine Tochter wiedersehen werde, hat mit Intuition und kindlicher Fantasie zu tun. Aber ich halte ihn deshalb nicht für kindisch oder verträumt. Von der Himmelsperspektive erhoffe ich mir, nicht zu verbittern, mag sich das Leben auch bitter zeigen. Wenn es allerdings als naiv oder gar dümmlich gelten sollte, nicht zum Zyniker zu werden, dann bin ich gern bereit, mich wegen meines Hoffens als dümmlich betiteln zu lassen. Für mich jedenfalls ist der Glaube kein Opium für Trauernde. Er vernebelt nicht das Hirn, sondern kann für Klarheit sorgen, weil man dem nicht immer netten irdischen Leben keinen Alleinherrschaftsanspruch zugesteht.

So lassen sich in der Bibel, die als ein Buch der Hoffnung gilt, alle nur erdenklichen Formen des Meckerns, Schimpfens, Wütens und Klagens finden. Weil man glaubt, dass es besser werden kann, muss man im Schlechten nicht zwanghaft das Frohe sehen. Klage ist bereits Hoffnung, weil sich der, der klagt, nicht mit der Hoffnungslosigkeit arrangieren will. Die Klage signalisiert: Wir sind noch nicht am Ziel. Das bedeutet nicht, vollendet glückliche Augenblicke abzuwehren, im Gegenteil: Sie sind Erfüllung und fühlen sich zugleich an wie ein Vorgeschmack. Sie lassen in meinen Augen das Hoffen intensiver werden, dass Gott nicht die Erde allein, sondern auch den Himmel geschaffen hat. Dort wird die Trauer keine Nahrung finden.

Aus der Verantwortung stiehlt man sich deshalb nicht, glaube ich. Denn eine langlebige Trauer ist gerade die Folge davon, dass man sich intensiv aufs Leben und einen Menschen eingelassen hat. Bleibt der Schmerz über den Verlust, halten das allerdings viele für ein Alarmsignal, dass mit dem trauernden Menschen nicht alles in Ordnung sei. Wer will, kann dann mit der Diagnose der „verlängerten Trauerstörung" kommen. Man kann es aber auch schlicht „Liebe" nennen, wie es Sigmund Freud tat, dem man gewiss nicht unterstellen kann, Alarmsignale im Seelenleben abgedrängt zu haben. Als seine Tochter Sophie 27-jährig gestorben war, schreibt Freud an seinen Schweizer Brieffreund Ludwig Binswanger, es sei eine „Ungeheuerlichkeit, dass die Kinder vor den Eltern sterben". Er und seine Frau hätten diesen Tod „nicht verwunden". Einige Jahre später erhält Freud von Binswanger die Nachricht, dass dessen achtjähriger Sohn gestorben ist. Freuds Kondolenz-Brief stammt von jenem Tag, an dem seine Tochter 36 Jahre alt geworden wäre: „Man weiß, dass die akute Trauer nach einem solchen Verlust ablaufen wird, aber man wird ungetröstet bleiben, nie einen Ersatz finden. Alles, was an die Stelle rückt, und wenn es sie auch ganz ausfüllen sollte, bleibt doch etwas anderes. Und eigentlich ist es recht so. Es ist die einzige Art, die Liebe fortzusetzen, die man ja nicht aufgeben will."

Vielleicht ist die Untröstlichkeit somit nichts anderes als ein Recht auf Liebe? Das freilich wird manchmal als Entfremdung vom natürlichen Empfinden gedeutet: In früheren Zeiten seien die Menschen besser mit der Vergänglichkeit zurechtgekommen, heißt es dann. Allein wegen der hohen Kindersterblichkeit sei der Tod alltäglich gewesen. In diesem Hinweis könnte aber auch eine Form der Abwehr liegen, mit der man den Schmerz heute trauernder Eltern auf Distanz halten will. Ihn gab es nämlich auch zu Zeiten, als viele Kinder starben. Der Tod eines nahen Menschen konnte auch einen angeblich so glaubensstarken Menschen wie den Reformator Martin Luther zu Tränen rühren. Als seine acht Monate alte Tochter Elisabeth gestorben war, schreibt er: „Sie hat mir ein seltsam bekümmertes, beinahe weibliches Herz zurückgelassen, so sehr jammerte mich ihrer."

Der Glaube ist also kein Garant für Ausgeglichenheit und permanente Glücksgefühle. Aber vermutlich kann ein liebendes und deshalb unter Umständen ungetröstetes Herz eher die Kraft finden, sich auf die wunderlich beruhigende Hoffnung einzulassen, den Vermissten einmal wiederzusehen. Dass es so kommt, ist unbeweisbar. Auch weiß niemand, wie genau es sein wird. Mich aber ermutigt es, die Hoffnung nicht im Vagen zu lassen. Indem ich mir das Wiedersehen konkret vorstelle, stoße ich natürlich ständig an die Grenzen, die ich überschreiten will. So stelle ich mir vor: Ich werde meine Tochter auf den Arm nehmen, der rote Strampelanzug ist nicht verloren. Sie hat, male ich mir weiter aus, ihre ruhige Gelassenheit behalten, ist aber dennoch sehr lebendig. Das Wiedersehen greift das Erlebte auf und überrascht, ist etwas Neues. Ich werde sie erkennen, denke aber auch manchmal: Meine Tochter wird gewachsen sein, aber so, dass ich ihr Aufwachsen miterleben durfte, ich würde es sonst sehr vermissen. So stelle ich mir Juliane vor als Mädchen, das aus dem irdischen Zeitmaß nicht ausgestiegen ist, jetzt fast zwei Jahre alt. Andererseits besitzt sie zumindest dezent überirdische Fertigkeiten, denn in diesem Alter ist man eher selten in der Lage, Briefe zu schreiben. Alles das: lauter Widersprüche und Unmöglichkeiten! Ich muss sie nicht lösen, weil der Himmel nämlich noch viel größer und schöner sein wird als in meiner Fantasie, die letztlich auch nur auf irdische Weise tätig werden kann. Wenn ich bei meinen Himmelsspielereien nicht mehr weiterkomme, ziehe ich mich einfach wieder auf ein Bild zurück wie dieses: Ich halte Juliane auf dem Arm. Und sie? Macht die Augen auf.

Wie auch immer man sich das Leben der Toten vorstellt: Man ist damit kaum allein, denn die Hoffnung ist unabhängig von Konfession und Religion weit verbreitet. Ich finde ihre Spuren auf Friedhöfen, wo nicht nur die Erinnerungen leben, sondern an den Gräbern Puppen, Spielzeug, Blumen, Adventskränze oder kleine Weihnachtsbäume zu entdecken sind. Manchmal brennt schlicht eine Kerze, die mehr bedeutet, als dass nur die Erinnerung weiterflackert. Sie ist ein Zeichen für den Glauben, dass der Verstorbene nicht am Ende ist.

Wenn prominente Theologen vom Jenseits sprechen, bin ich zuweilen enttäuscht. Sie bestätigen: Es gibt diese Hoffnung. Näheres dazu wollen sie aber nur ungern sagen. Und das Wenige klingt oft sehr spekulativ. Da ist dann von einem Zustand jenseits von Raum und Zeit die Rede, von einem Eingehen in Licht und Wärme. Nach so gut wie jeder dieser angedeuteten Antworten wird hinzugefügt: „Natürlich können wir uns das nicht vorstellen!" Und nicht nur das: Besser sei es, sich überhaupt nichts vorzustellen. Jedenfalls könne man darüber nicht wirklich reden. Denn die Sprache scheitere am Himmel. Deswegen, heißt es dann, finde man auch in der Bibel zu dieser Frage nichts Konkretes. Spätestens an dieser Stelle bin ich erschüttert. Denn der Hinweis auf die Bilderfreiheit vom Himmel hat keinen Anhaltspunkt und wirkt wie eine mutwillige Behauptung, mit der mir mein Trost aus den Armen gerissen wird. Ich glaube eher: Die Hoffnung ist doch viel zu groß, als dass man sie im Unkonkreten lassen könnte. Jesu Gleichnisse vom Himmelreich zum Beispiel spielen mit irdischen Bildern, die überhaupt nichts Vages haben. Und auch ein Prophet wie Jesaja malt wunderbar konkrete Visionen eines künftigen Lebens: Nicht nur die Menschen freuen sich dann, sagt er einmal, sondern auch Gott – nämlich über sein Volk, das paradiesisch leben wird: „Man soll in ihm nicht mehr hören die Stimme des Weinens noch die Stimme des Klagens. Es sollen keine Kinder mehr da sein, die nur einige Tage leben, oder Alte, die ihre Jahre nicht erfüllen. Sie werden Häuser bauen und bewohnen, sie werden Weinberge pflanzen und ihre Früchte essen. Sie sollen nicht bauen, was ein anderer bewohne, und nicht pflanzen, was ein anderer esse. Sie sollen nicht umsonst arbeiten und keine Kinder für einen frühen Tod zeugen."

Dieser Traum ist sehr konkret, allgemein Bekanntes wird benannt. Freilich erscheint er in außergewöhnlichen Konstellationen, sodass das Irdische überirdisch zu leuchten beginnt: „Wolf und Schaf sollen beieinander weiden, der Löwe wird Stroh fressen wie das Rind, aber die Schlange muss Erde fressen. Sie werden weder

Bosheit noch Schaden tun auf meinem ganzen heiligen Berge." Das ist fantastisch, aber aus vertrautem Inventar geschaffen. Wer sich das Leben nach dem Tod mit irdischen Farben ausmalt, muss sich dessen also nicht schämen: Viele taten es, viele tun es heute noch. Es verhindert, dass man sich im Himmel erkältet: Weitläufig darf es dort, zugig aber muss es nicht sein.

Warum haben aber ausgerechnet Theologen oftmals diese Scheu, eine konkrete Himmelshoffnung zu formulieren? Vielleicht weil sie Bedenken haben, sich mit etwas so Wunderbarem wie der Hoffnung auf Auferstehung in einer aufgeklärten Welt lächerlich zu machen? Abseits der offiziellen Diskurse höre ich freilich auch von theologisch Hochgebildeten, dass ihnen ganz einfache Bilder kommen. Eine Pfarrerin etwa erzählt, wie sie einmal bei Dunkelheit im Zug einschlief. Als sie aufwachte, meinte sie den Himmel zu sehen: Weinberge im frühen Morgenlicht! Das war indessen vor dem Tod, nämlich zwischen Dresden und Meißen. Es erinnerte sie auch an ihre Kindheit, denn sie war in Miltenberg aufgewachsen, ebenfalls eine biblische Gegend, weil dort extrem viele Rebenreihen lebendig sind. Womöglich hat der Himmel immer etwas mit der Kindheit zu tun, meinte diese Theologin, die sich nicht als Feindin des Rationalen charakterisieren lässt. Denn sie wurde im Fach Neues Testament promoviert. Das Beispiel unterstreicht, dass es vermutlich eine urmenschliche und von allen theologischen Strömungen unabhängige Begabung ist, sich über den Tod hinauszudenken. Man hat alle Freiheit, sich den Himmel auszumalen, glaube ich. Und wenn es dort dann anders aussehen sollte? Gut wird es dennoch sein.

Ich stelle mir allerdings nicht vor: Milliarden Menschen stehen vor Gottes Thron. Da würde ich mir verloren vorkommen. Auch sind mir Himmelspläne suspekt, wie sie einst Augustinus skizzierte. Für ihn war es unmöglich, dass ungetaufte Kinder ins Paradies finden. Dem schiebt die Erbsünde einen Riegel vor. Augustinus wird oft mit dem Attribut des Kirchenvaters versehen, aber sehr väterlich wirkt dieser Aspekt seiner Lehre nicht, auch wenn Kirchenpapa Augustinus eine Erleichterung zu verkünden hat: Ungetaufte Kinder müssen, weil mehr oder weniger unschuldig, nur im sogenannten Limbus am Rand der Hölle schmoren. Diesem Verständnis zufolge würde es Juliane noch nicht mal in die Vorhölle schaffen, weil sie überhaupt nie gelebt hat, was den Kirchenlehrer aus dem fünften Jahrhundert wiederum mit der Logik eines Standesamtes im nördlichen Bayern aus dem Jahre 2010 verbindet. Aber ich will die Sache nicht schlimmer machen, als sie ist: Seit 2007 gibt es offiziell Entwarnung. Der Vatikan hat die Lehre vom Limbus abgewertet. Nun dürfe man glauben, dass ungetaufte Babys direkt ins Paradies kommen. Das bedeutet freilich nicht, dass mit der Abwertung der Vorstellung von einer Vorhölle diese auch abgeschafft sei.

Apropos Vorhölle: Wenn ich an ein Leben nach dem Tod glaube, muss ich denn dann nicht auch mit der Hölle rechnen? Ich glaube, nach dem Tod gibt es kein Leiden mehr. Ein Gericht kann es aber mit dem Anbruch des Himmelreiches durchaus geben. Gerechtigkeit nämlich, ein Richtigstellen – das fände ich nicht schlecht. Ich muss das nicht in einem universalen Gerichtssaal erleben, wie ich mir überhaupt den Himmel nicht galaxienähnlich vorstelle, in dem man allein per Raumschiff unterwegs sein kann. Nein, das dürfen sich Science-Fiction-Enthusiasten ausmalen. Auch muss ich nicht Gottes Angesicht schauen, mein Träumen ist relativ bescheiden. Es ist winzig wie das Senfkorn, das Jesus einmal als Bild für den Anbruch des Himmels wählte: Aus dem Korn wächst eine große Staude. Mir würde schon das Wiedersehen mit meiner Tochter genügen, das wäre für mich Gericht genug. Damit hätte Gott sich dann berichtigt.

Wenn man kindlich auf den Himmel hofft, ist das keine selbst gewählte Entmündigung. Es leitet schlicht der Wunsch, in einen anderen Wirklichkeitsbereich vorzudringen. Die alten Hoffnungsbilder lebendig halten und weitermalen – das ist möglich, ohne deshalb die Vernunft vernichten zu müssten, bin ich überzeugt. So hat der Philosoph Paul Ricœur von einer zweiten Naivität gesprochen: Sie ist nicht wie die erste Naivität, die alles für unmittelbar wahr hält, sondern kennt das Fragen, Zweifeln und Verzweifeln. Und sie ist durch das

Feuer des Unglaubens hindurchgegangen. Nur verfehlt man die Kraft alter Symbole, Geschichten und Hoffnungsbilder, wenn man nicht lernt, sich wieder mit Staunen in sie hineinzuvertiefen. Die bewusst gewählte Kindlichkeit ist für mich sogar noch schöner als die erste Naivität. Denn es handelt sich dabei um eine Rückkehr in das Land der Kindlichkeit, das man nun nicht mehr verlassen muss.

Urlaubswald

Meine Tochter kann sprechen, laufen, will gern essen, findet Wege, die ihr gefallen: Der Himmel ist für mich kein fernes Blau, sondern ein Wald, in dem sie auf mich wartet, ohne dass sie mich vermisst und sich deshalb Sorgen machen müsste. Der Himmel hat bereits begonnen, indem sie ihre Eltern beruhigt, die zuweilen nicht weiterwissen, wenn ihnen die Kraft zum Träumen fehlt. Sie freut sich, dass ich kommen werde. Oft aber bin ich auch schon da, ich schreibe ihr und sie schreibt mir. Manchmal sagt sie schlicht: „Tue deine Pflicht!“ Das klingt entschieden und nicht träumerisch. Nicht weil sie sich Sorgen macht, sondern um zu helfen, spricht sie so. Womöglich ist sie, wenn auch ungetauft, ein wenig protestantisch, da sie mir ins Gewissen redet, recht fleißig zu sein, wie das für viele Protestanten üblich ist. Was aber ist denn meine Pflicht? Mein Vorname ist mir eine Eselsbrücke: Georg – das ist der, der die Erde bearbeitet. Erdarbeiter oder Bauer heiße ich. So werde ich den Boden unter meinen Füßen nicht verlieren. Nichts könnte zu irdisch sein, als dass es nicht das Recht besäße, bearbeitet zu werden. Das ist mein Beruf: Schreiben – wie etwa diesen Traumbericht, damit die Erde womöglich eine Spur erträglicher wird. Und manchmal – da kann ein winziges Stück Erde, das man hegt, aufreißt, hackt und aufzulockern versucht, zum Erinnerungsplatz werden, der die Hoffnung wachsen lässt.

So hat jeder, auch wenn er ohne offizielle Arbeitsstelle ist, eine Tätigkeit, einen Beruf, mag dieser in den Augen vieler vielleicht auch unbedeutend sein. Deswegen: nicht vorschnell von der Erde verschwinden! Selbst wenn man nur die Aufgabe und wunderbare Begabung hat, beim Einkaufen die Kassiererin auf eine unverwechselbare Weise zu grüßen, für die der Tag dadurch einen überwältigenden Sinn erfährt. Ich glaube aber auch: Kein Kind im Himmel und auch nicht der Höchste sind böse, wenn den auf der Erde Zurückgelassenen manchmal die Kraft ausgeht, überhaupt noch irgendetwas zu tun. Die im Himmel sind, sehen darauf gnädig: Sie, die es wundervoll haben, wissen schließlich am besten, dass es auf der Erde nicht immer angenehm zugeht.

Wenn es soweit ist, dass der Himmel kommt, werde ich einen Wald durchstreifen. In ihm brauche ich mich nicht zu fürchten. Es ist ein Märchenwald, aber einer ohne Angst und Schatten. Allenfalls einen romantischen, wunderbar erfrischend und beruhigend kühlen, aber nicht kalten Schatten werde ich erleben. Verirren ist unmöglich, dennoch steckt die Himmelslandschaft voller Möglichkeiten, der Langeweile zu entkommen. Wobei ich keinen Zwang verspüren werde, unaufhörlich Abenteuer erleben zu müssen. Denn es gibt auch Abenteuer, die ich nun wirklich nicht noch einmal erleben will: etwa den Tag von Julianes Geburt, auch wenn er mir bis heute vom Himmel erzählt. So freue ich mich auf himmlische Abenteuer, die herrlich unaufregend sind, da wir uns wiederfinden.

Der Wald, in den ich sehe und gehen werde, erinnert mich an die Sommerurlaube, die ich als Kind erlebte. Da war kein Sandboden, keine Kiefern standen da, wir streiften stattdessen durch einen undurchdringlich scheinenden Wald mit Fichten und Tannen, der Boden ewig feucht und moosig selbst im Hitzesommer. Wir nährten uns auf blau-verträumte Weise. Schon beim Wandern suchten wir Plätze, wo die Heidelbeeren üppig reifen. Nicht lange – und wir waren wieder da mit Körben und Dosen. Dann sammelten wir den herb-süßen Geschmack des Walds, die Hände waren bald violettverfärbt.

Am Ende schütteten wir alles zusammen: In den Körben leuchtete ein Beerenmeer. Triumphierend verließen wir den Wald und übergaben die Beute der Wirtin. Sie übergab sie wiederum dem Ofen und bald wehte ein wunderbarer Duft durch die Pension. So saßen wir am Tisch und warteten auf das Kuchenfest, das bald beginnen sollte.

Überholt

Gott verstehe ich nicht, ich werde ihn nie verstehen. Viel habe ich mit meiner Tochter erleben dürfen. Ich lebe mit ihr, denke an sie, sie ist ein Wunder. Und dennoch: In dem Augenblick, als das Leben beginnen sollte, hat es aufgehört. Gott? Handelt brutal. Für diese Tat würde ein Mensch viele Jahre, vermutlich lebenslänglich hinter Gitter kommen. Dann aber tut Gott mir auch fast schon wieder leid, ohne dass er deshalb klein wird. Denn nur wer gewaltig ist, kann Gewalt auch wenden, hoffe ich. Er ist groß, ein unendlich großer Trost, mein ewiger Schutz, weil er auf eine mich erleichternde Weise unverständlich ist, ganz anders als so viele, die mein Kind in einen Verständniszusammenhang bringen wollen. Ich weiß nicht warum: Der Höchste tröstet mich. Er ist ein Trost, der ohne Ende ist. Auf der Karte mit dem Schmetterling, die die Geburt von Juliane Magirius anzeigte, steht ein Satz aus den Klageliedern Jeremias: „Euch allen, die ihr vorübergeht, sage ich: ‚Schau doch und seht, ob irgendein Schmerz ist wie mein Schmerz, der mich getroffen hat.'" Darunter steht: „Sie hat uns auf dem Weg ins Himmelreich überholt."

2. Oktober 2012

Liebe Mama, lieber Papa,
das Teetrinken heute war wunderbar! Ist Euch eigentlich aufgefallen, dass ich keine Flügel, aber sehr viel Hunger habe? Bringt beim nächsten Mal Schlagsahne mit! Juliane

Liebe Juliane,
Mama hat sich so sehr über Deine Post gefreut, dass sie ganz traurig wurde, weil es Dir mit uns so gut gefallen hat. Im Moment kann sie nicht schreiben, lässt Dich aber grüßen. Falls Du uns besuchen willst: Ein Stuhl am Küchentisch ist immer frei. Dass Du keine Flügel hast, beruhigt mich sehr: Denn Schmetterlinge können keinen Kuchen essen. Bald hat Du Geburtstag, dann wirst Du bereits zwei! Hast Du Wünsche, fehlt Dir was? Dein Papa

Lieber Papa,
hier ist es unbeschreiblich wunderbar, ich habe keinen Wunsch, außer vielleicht einen: Könnt ihr das Bild von der Ultraschalluntersuchung mitbringen? Wenn ich erzähle, wie ich mich gegen die Aufnahme wehrte, lachen sich meine Freundinnen tot – na ja, tot kann man schlecht sagen, Ihr wisst schon, was ich meine. Die wollen das Bild unbedingt sehen. Juliane

Vor dem Geburtstag

„Wie geht es euch?", fragt Clemens, ein Kollege, der als extrem zeitkritischer Autor gilt. Vielleicht weil auch er nur hofft, dass das, was ist, nicht alles ist? „Es fühlt sich an wie ein Countdown", antworte ich. Als ob man die Tage vor dem Geburtstag noch einmal erlebte. „Macht keinen Countdown, sie ist ja nicht verloren", schreibt er: „Wenn ihr euch freut, freut sie sich mit. Daran glaube ich fest."

6. Oktober 2010: Nachts

Eben sind wir mit Juliane in der Klinik angekommen. Schick ein Stoßgebet zum Himmel, sagt meine Frau. Ich weiß nicht wieso und registriere erst allmählich: Die Nachtschwester hat den Herzschlag nicht gefunden. Die Ärztin kommt, sucht schnell, gezielt sind die Bewegungen. Mit einem Schlag wirkt sie ruhig. Und erschlafft, nicht unähnlich wie Stunden später unsere Tochter. „Ich lasse Sie erst einmal allein", sagt sie. „Die Tür lasse ich etwas auf." Ich sehe, wie sie aus dem Zimmer geht, den Gang entlang. Warum fühle ich Erleichterung, wenn ich daran zurückdenke? Weil die Ärztin erst gar nicht versucht hat, Trost zu spenden. Sie war auch nicht auf der Flucht. Sehr langsam ging sie, war geschlagen und tat nichts, die Ohnmacht zu überspielen. Das war der Trost.

Ein Mensch, der ging, war Menschen nahe. So aufrecht habe ich noch niemals jemanden gehen sehen.

6. Oktober 2012: Morgens

Wir sind auf dem Waldfriedhof in Aschaffenburg und stehen dort, wo der Schmetterling nicht brav am Holzkreuz haftet. Er flattert los und ich streife durch das Gras des Waldes. Die grünen Kügelchen am Heidelbeergestrüpp sind blau geworden. Ein Kind winkt, nimmt mich an die Hand und zeigt mir seine Lieblingsplätze. Die Finger des Mädchens sind wie geschaffen zum Pflücken der Beeren, blau sind die Hände, blaubeerrot verschmiert sind ihre Lippen. Ich erkenne diese wunderbare Schlaffheit wieder, mein Kind steckt voller Energie, ist mir voraus, drängt und zieht mich, ist still und will mir beruhigend viel erzählen. Der Ofen hat den Kuchen entlassen, habe ich ihn am Ende selbst gebacken? Die Sahne ist nicht auf den Kuchen gesprüht, sondern frisch und steif geschlagen, das wird der Himmel sein. Wir sitzen am Tisch, die Geborgenheit schmeckt wild. Ich bin angekommen, auf ewig Kind und groß und frei und neu geboren und der, der ich schon immer war und werden wollte. Befreit sind wir von allen Sorgen. Denn endlich können wir uns um unsre Tochter sorgen.